蓼食う人々

遠藤ケイ

山と溪谷社

目次

表紙写真＝飯田裕子
ブックデザイン＝松澤政昭
校正＝中村貴弘

まえがき

「蓼《たで》食う人々」というこの本の書名は、周知のように「蓼食う虫も好き好き」という古い諺《ことわざ》に因《ちな》んでいる。「蓼食う虫、苦きを知らず」ともいう。蓼という植物の葉には強い苦味があって、大抵の動物は嫌って口にはしない。だが、タデハムシやシロシタヨトウなど、ごく少数の虫は好んで食べる。通常、「人の好みはさまざま」という比喩に用いられる。

ひとの食の嗜好や味覚は、地域性や民族性によってある程度大別できる。同時に、慣れ親しんだ味に対して保守的である。風土によって異なる食材、調味料、料理法、さらに風土の根源を成す水や空気も、そこに暮らす人間の体内を循環している。風土が、人間のＤＮＡに密接に関わっている。食べ物の嗜好や味覚も固定化されてくる。また、日常に食べ慣れたものは安全で、安心感を得ることができる。保守的に成らざるを得ない。

その反面、異質なものに対しては、生理的に排除しようとする。目（視覚）や指（触覚）、舌や歯（味覚）などの体のセンサーが過敏に反応し、胃や脳が〝異物〟を拒絶する。異物は〝ゲテモノ〟扱いされる。また、それを好む人間を、悪食、ゲテモノ食いと決めつけて締め出そうとする。「蓼食う虫」という一般通念の底意には、数を頼んだ強者の驕《おご》りと、弱者《マイノリティー》に対する差別意識が見え隠れする。

だが、もしかしたら、不味で苦味の強い「蓼」を好んで食べる虫は、大多数の動植物の食の領域から、排斥された弱者だったのかもしれない。そうした現象は、自然界ではよく見られることで、強者が有利な生息域を独占し、締め出された弱者は劣悪な環境に順応して生き延びようとする。ほかの植物が自生できないような、地味の乏しい土地に根をつける花もあれば、毒のあるものを食べて生存している虫もいる。それも一つの進化の姿である。

蓼食う虫たちも、最初は、「蓼」など不味で食べたくなかったかもしれない。しかし生存を維持し、種の保存という大目的のためには他の動物が避けて通る蓼を食べるしかなかった。そして、食べているうちに体が順応してくる。養分を摂取し、消化もできる。さらに、食べ慣れるに従って、食材が持つ独特の美味を発見する。未知の味を独占できる。

葉を食べられる蓼も、共生する相手を限定した方がエネルギーを節約でき、確実に種を残せる。そうした特殊な嗜好の繋がりは〝情念〟と呼んでいいほど濃密な関係に昇華する。誰も間に割って入ることができない。食癖は、性癖と同義語である。

しかし、この本では、通俗的な「悪食」や「ゲテモノ」を擁護し、復権を目論《もくろ》んでいるわけではない。取り上げた項目を見ていただいて分かるように、カラスやトウゴロウ、ザザムシ、サンショウウオ、エラブウミヘビ、ツチクジラ、トドなど、人によっては「ゲテモノ系」に貶《おとし》められそうなものもあるが、鮎《あゆ》や鰍《かじか》、野鴨、岩茸《いわたけ》など、日常的なものも取り上げている。なかでも鮎などは、悪食どころか〝美食〟の部類に入るかもしれない。

だが、同じ鮎でも、捕り方が常識外れである。ある者は、友釣りの釣り師を尻目に、川に素潜りして、鮎を指の間に挟んでくる。口にくわえてくることもある。またある者は、下半身裸で川に浸かり、股の間を登ってくる鮎を掴《つか》む「チン叩《たた》き漁」を得意とする。正当な漁法からすると、邪道であり、〝外道〟と呼んで嫌悪される。食における「蓼」に似ている。

しかし、彼らは、鮎を食べんがために、知恵を絞って一対一の戦いを挑む。道具に依らず、裸で勝負をする。捕れなかったら風邪を引く。肺炎を患って、死に至る危険性さえある。

だが、リスクが高いほど、捕ったときの喜びが大きい。捕ったら、命に感謝して美味《おい》しくいただく。食べ方にも貪欲である。命に対する崇敬と贖罪《しょくざい》があるゆえに、骨や皮まで無駄なく食べつくそうとする。ごく素朴な、人間的な行為である。しかも、改めて思い起こしてみれば、それは何も特別なことではなく、かつてはどこでも見られた光景だった。

それは、我々現代人が忘れかけていた原風景でもある。自然が身近にあり、暮らしのあらゆる部分を自然に依存していた時代には、命の糧に対する素朴な感謝だけがあった。人間が慎み深く向き合えば、自然は豊かな恵みを保証してくれる。そこには、美食や悪食の概念はない。ましてや、食い散らかしの飽食文化の入り込む余地はない。

野兎《のうさぎ》は、かつての山村では手軽に入手できる獣肉だった。専門の猟師や鷹匠も獲ったが、一般の人々も獲った。獣道に簡単なハネ罠《わな》を仕掛けたり、藁《わら》の鍋敷きや桟俵《さんだわら》の蓋《ふた》を投げて、鷹の影と羽音に似せて、木の根っ子に潜り込んだ野兎を捕まえたりした。子どもでも獲った。獲った野兎は、肉や内臓、骨、皮まで余すことなく食べた。「兎の一匹食い」といった。料理法も多岐に及んだ。

カラスは、寒村で稀《まれ》に食べられた。山に暮らす人々は、自然界におけるカラスとフクロウの天敵関係を熟知していて、フクロウを囮《おとり》にしてカラスを捕った。カラスは赤肉で、歯応えがあって味わい深い。主に肉団子にして食べた。

トウゴロウは、カミキリムシの幼虫で、木の中に棲《す》む。樹木を食い荒らす害虫である一方で、滋養豊富で、貴重なタンパク源だった。蛹《さなぎ》が成虫に変態する驚異的な生命エネルギーが凝縮している。エバーミルクのような濃密な味がする。焼くと菓子の花林糖のようになった。甘味に飢えた山の子どもたちのおやつでもあった。滋養強壮、風邪、疳《かん》の虫、切り傷などの妙薬にもなった。

岩茸は、断崖絶壁に宙吊りになって採る。一年に数ミリしか育たない貴重な山の霊薬でもあった。岩茸は、水に濡《ぬ》れた紙ヤスリのような形状をしている。岩のカサブタのようで、およそ食欲が湧かない。それを、空の青さになるまで水で揉《も》み、茹《ゆ》でて白和えや酢味噌にして食べる。無味な素材の料理法に先人の知恵が凝縮している。

野鴨は、雪を連れてやってくる。人々は冬の使者を心待ちにしながら、冬の間の二度か三度、家族で囲む鴨鍋を楽しみにする。かつては、野鴨が越冬する山中の池の縁にハネ罠を仕掛け、小さな見張り小屋に幾晩も身を潜めて網を打った。娯楽の少ない寒村の冬の楽しみでもあった。

カジカは、氷が張る山の沢に入って素手で手摑みにする。カジカはオコゼに似て醜悪な面相をしているが、濃厚なダシが出る。不便な山村ではカジカを焼き干しにして日々の料理に使った。鍋にするほか、熱燗のカジカ酒が美味しい。

サンショウウオは、雪解けの頃、産卵の時期にしか沢に降りてこない。山奥に分け入り、沢筋にいくつも筌を仕掛けて捕る。皮膚から分泌する液が山椒《さんしょう》の香りがする。食通で知られる北大路魯山人がひそかに食べて、その味を絶賛した。

そのほか、スギゴケ、スガレ（蜂の子）、ザザ虫、イナゴ、ツチクジラ、クマ、エラブウミヘビ、トド。そのどれもが、日本の風土と密接に繋がっている。その根底には、自然に対する深い感謝がある。採取法、料理法、食のしきたりや作法等々。悪食、ゲテモノ食いの「裏食文化」の背景に、日本人特有の情緒性が投影されていることに思い至る。

しかし、いまはあえて、ここに登場する人たちを、「蓼食う人々」と呼ぶことにする。まずは、興味本位で読んでほしい。そして読後に、どう評価が変わるかを、書き手として楽しみにしたい。

最後に、蓼は古く平安時代には、魚の食当たりを防ぐ植物として栽培されていた、歴《れっき》とした野菜であったが、何故か悪食に代名詞のごとくに陥れられている。その汚名返上をも秘《ひそ》かに企んでいる。

遠藤ケイ

野兎

奥羽山脈、森吉山（一四五四ｍ）の雪の山中で、カジヤとリョカンが仕留めた野兎《のうさぎ》をショウボウが解体した。

この奇妙な名で呼ばれる男たちは、秋田県阿仁《あに》のマタギ衆だ。カジヤは本業が鍛治屋。リョカンは家業が旅館。ショウボウは消防署に勤めている。一種の屋号、俗称である。伝統的な狩猟集団であるマタギは、山に入ると里言葉を忌み、実体を隠して独特の山言葉を使う。彼らにとって山は神聖、清浄な領域で、人間社会の穢《けが》れを持ち込むことを嫌う。

また、自然が厳しく、閉鎖的な山間辺地では同族関係が濃く、同じ苗字が多くなるので、名前や屋号で呼び合う方が通りがよく、間違いが少ない。とくに、集団で行う「たつま猟」などの巻き狩りでは、一瞬の躊躇《ちゅうちょ》が統率を乱し、獲物を獲り逃す原因になりかねない。

さらに、かつては狩猟だけで生計を立ててきたプロの狩猟集団であった阿仁マタギも、いまはほとんどの者が別に職業を持ち、二足の草鞋《わらじ》を履いた兼業猟師だ。カジヤやリョカン、ショウボウのほかに、サカヤ（酒屋）もいればヤクバ（役場）もいる。味も素っ気もないが、単刀直入で判りやすい。

だが、彼らはいずれも代々の阿仁マタギの血筋を継承しており、いまも正統派マタギの信仰や狩猟習俗を踏襲し、他の猟師と一線を画している。今日では、マタギという呼称が一般に認知され、広義に解釈されがちだが、本来は、マタギの発祥地といわれる奥羽山地、森吉山西麓の狭い地域以外はマタギとは呼ばない。いまでも、阿仁では、角館から森吉町、大館を結ぶ国道一〇五号線の、荒瀬のトンネルを境にして、外側の猟師を、単なる道楽のハンター、鉄砲ぶちと呼んで、厳格に差別する者もいる。

何という閉鎖的な狭量と怒っても仕方がない。その偏屈なまでの頑固さが、厳しい自然を相手にして生き延びてきた山人の意地であり、時代とともに変質、形骸化していく伝統文化を守り継いでいく底力にもなっている。

二月中旬の森吉山は、まだ二メートル以上の雪に閉ざされていた。これからもドカ雪が二度や三度は降る時期に、カジヤをシカリ（親方）とする阿仁マタギの一団が森吉山に入った。

因みにカジヤは、マタギが使う猟刀フクロナガサを作る鍛治の西根稔さんで、長年マタギの小集団を率いてきた腕っこきの猟師である一方、私の鍛治の師匠でもある。たびたび押しかけ弟子として西根さんの家を訪ね、実地指導を受けていて、ときどき山へも同行させてもらっている。今回も、鍛治修業の合間の、突然の兎狩りとなった。弟子は師匠には逆らえない。といいながら、内心は猟の獲物の兎汁と、家の裏の雪に埋まっている師匠自慢のドブロクを密かに楽しみにしている。

マタギが狙う最大の山獣は熊だ。しかし、熊はいま冬眠に入っていて、禁猟期間中である。狩猟に関する規制は、鳥獣の保護及び管理並びに狩猟の適正化に関する法律、いわゆる「鳥獣保護法」というもので定められていて、毎年十月十五日（北海道は九月十五日）から、翌年四月十五日までを狩猟期間（ニホンジカ、イノシシは三月三十一日まで）と定められている。野兎も保護対象に入っているが、規制は他の鳥獣に比べてはるかに緩い。

国の法律というのは実に杓子定規《しゃくしじょうぎ》で、古くから山に対する深い信仰観念と厳しい戒律を自らに課してきたマタギといえど例外は許されない。そのため彼らは、いまは蛇の生殺しのように禁猟明けの出熊狩りを待ち焦がれながら、野兎を相手に雪の山中を駆け回っている。彼らにとって野兎猟は、山に体を馴らすのと、猟の感覚を鈍らせないためのトレーニングなのだ。

「昔は、冬でも熊を獲ったすな。冬は、熊は冬眠しているべ。実際は、完全に寝ているわけではねぇで、木の洞《ほら》や岩穴に潜ってうつらうつらしているがら、それを獲る。お互いに命を張った勝負だすな」

マタギの間で「大熊八寸」という言葉がある。百キロの大熊でも、八寸（約二十四センチ）の入り口があれば、全身を潜り抜けられるという。内部が空洞になっている樹洞にも、木に登って入る。野生動物が頭ギリギリの大きさの穴を選ぶのは、自分より大きな外敵に巣穴を襲われる心配がないからだが、熊も体の大きさで優劣が決まる。

マタギは、熊の糞《ふん》や爪痕などを手がかりにして、熊の巣穴を探す。雪が積もっていても、息や体温で穴の周辺が溶けていたりする。

熊の冬眠は眠りが浅いので、巣のある木をコツコツ叩くと目を覚ます。さらに木を叩いたり、穴に棒を突き入れたりすると、熊は怒って穴から出ようとする。そこを狙って銃を撃つ。だが、このタイミングが難しい。撃つのが早過ぎると、熊は穴の中に落ちてしまう。狭い穴から百キロ近い熊を引き出すのは難しい。若い猟師が、気が早って失敗を犯す。

ベテランのマタギは、熊が前肢を肩まで出したときに撃つ。熊は体の重みで木の外に落下する。

かつてマタギは、熊の巣穴で度胸試しをした。見習いの若い猟師は、マタギの仲間に入る一種の通過儀礼として、熊の巣穴に潜り込まされた。

熊は巣穴の中で、半冬眠状態で横になっている。また熊は、体の前にあるものを何でも、尻の下に敷く習性がある。人間でも、驚かさず静かに入っていくと、熊は無意識にその人間を尻の下に押し込む。若い猟師は、熊の顔が目の前にある恐怖に耐えながら、熊の尻の下に回り、足を踏ん張って熊を穴の外に押し出す。その経験を経て、若者はマタギの一員として認められる。だが、果たして、そんなことが本当にできるのか。
「ウソではねぇ。それぐらいの度胸がなければ熊撃ちなんかできねぇ！」
老マタギが本気で怒った。彼らにとって、山の主である熊を獲ってこそのマタギなのだ。

マタギ衆が、軽いトレーニングだといった冬の野兎猟は、素人には想像を超えた難行苦行だった。考えてみれば、相手が熊であろうが野兎であろうが、雪山を闊歩しなければ猟にはならない。だが、その認識が甘かった。

彼らは、猟に出ると人跡未踏の険しい山を一日に三十キロ、四十キロの距離を踏破する。六十キロまでは日帰りできると豪語する者もいる。その常人を超えた健脚と行動力は、まさに又鬼《またぎ》だ。普段、道楽の山遊びをしている程度の人間が太刀《たち》打《う》ちできる相手ではない。ましてや豪雪の冬山となれば、足手まといにならないようについていくだけで精一杯だ。頭の中でちらついていた野兎の肉と秘蔵のドブロクは、海を越えてカムチャッカあたりまで遠ざかっていく。

森吉山の麓のドンヅマリの人家をすぎると、いきなり急斜面に取り付いた。このあたりで積雪は三メートル近くある。例年、この時期であれば根雪が硬くしまっていて歩くに楽だが、ここ数日気温が高い日が続き、雪が柔らかい。カンジキを履いていても、歩くたびに足の付け根まで踏み抜いてしまう。潜った足を抜こうとして、もう片方の足に力を入れるとまたズボッと潜る。雪中をかき分け、泳ぐようにして歩く。たちまち息が上がり、滝のような大汗をかいた。

はるか前方を行くマタギ衆が振り返り、失笑と冷ややかな目で醜態ぶりを眺めている。悔しいことに、彼らはほとんど雪を踏み抜いていない。柔らかい雪の上を、平地と同じようにスタスタと歩く。呼吸も乱さず、汗もかかない。日頃の不摂生と体重のせいだけではない。歩き方にコツがありそうだ。

気がついたのは足跡だ。自分の歩いた跡は、あっちへヨロヨロこっちへヨタヨタと、モグラ叩きのゲーム機のように穴がボコボコあいているのに、彼らの足跡には乱れがない。彼らは一列になって先頭を歩く人間の足跡を踏んで歩いている。十人いても、雪上に刻印された足跡は、ほぼ一人分しかない。列の後ろほど、雪が踏み固められて歩くに楽になる。その分、先頭に立つ人間が疲労を背負うことになるが、先頭の人間が疲れるとスッと列の横にはずれ、全員をやりすごして列のしんがりにつく。その間、休める。今度は二番目の者が先頭に立つ。言葉はいらない。阿吽《あうん》の呼吸で、一糸乱れぬ連携がとられている。

もう一つは、彼らに共通した歩く姿勢だ。上半身を少し前に倒した軽い前傾姿勢で、自然に前に出る片足に体重を移しながら歩いている。何事か思案しているように、両腕を胸のところで組んでいる者もいる。体がぶれないから体重移動がスムーズで、足にかかる体重も分散できるようだ。経験の蓄積は科学である。洞察を通して学習し、実践に応用する。これは人間の美徳である。

そうはいっても、すぐに成果が出るわけではない。頭と体の連携がとれていないとうまくことが運ばない。まず、頭の中で反復しながら一歩一歩進む。前傾姿勢のまま足を出さないと、当然前のめりに倒れてしまう。倒れるのが嫌だから、意識しなくても勝手に片足が前に出る。その足をずらさずにゆっくり体重を移動し、全体重がかかる前にもう片方の足を前に出す。その連続動作で、エネルギー消費を少なくして、長時間の山歩きができる、はずだったが、またすぐに雪を踏み抜いてしまう。

「宙に浮くように歩けぇ！」

シカリの檄《げき》が飛んでくる。

「？」

また新たな難題が増えた。

目の前に雪の壁が聳《そび》えている。後ろにそっくり返らないと空が見えない。両手で雪を掻《か》きながら、ほぼ四つ足状態で駆け上る。そこで突然、野生動物が四つ足歩行を選択している進化の

猟場に入ったら、木化け、石化けの術で気配を消す

謎が解けた。自然界で生存を勝ち取るには、険しい地形を素早く移動して獲物を獲り、あるいは外敵から逃げのびるために、俊敏に活動できる四つ足歩行がもっとも有利だからだ。人類は山や密林の暮らしを放棄したことによって二足歩行へと進化した。だから、そもそも人間は山歩きに向いていないのだ。

と、勝手な自己弁護をしながらも、雪中行軍は続く。兎汁と、ドブロクはすでにベーリング海を越えてしまった。

雪と孤独な格闘をしながら、三時間ほど登ってようやく尾根にたどりついた。大汗をかき、全身から濛々《もうもう》と湯気が立つ。上気して顔が赤い。メラメラと妖気を放つ不動明王のようだ。マタギ衆は涼しい顔をしている。そして、非情にも休む間を与えてくれない。

シカリが各自の役割と配置を指示する。ブッパ（射手）四人が尾根筋に沿って配置され、残る全員が勢子《せこ》を務める。勢子は、谷をはさんだ反対側の尾根から遠巻きに獲物をブッパの方に追い込んでくる。

最初は、体が楽なブッパ側についた。だが、すぐに後悔することになった。ブッパは、雪の中で物陰にひれ伏すようにして待ち続けなければならない。雪上で長時間ジッとしていると、足元から寒気がジワジワと侵食してくる。だが身動きができない。体を伸ばそうとすると怒ら

獲物を仕留めたら、山の神に許しと感謝を捧げる

れる。もちろん煙草も吸えない。ただひたすら石と化して待ち続ける。時計の針が凍りついたんじゃないかと思うほど、時間の歩みが遅い。

「ホーイ、ホイ」

「ホー、ホー」

勢子の声が谷にこだまする。声は重唱しながら、反対側の斜面を下ってくる。ブッパは、いつ野兎が飛び出してくるか分からないので、銃を構えてピクリとも動かない。ただ待つ身の傍観者は、猛烈な寒さに耐えるしかない。そのうち足が痺《しび》れてくる。たっぷりかいた汗が冷えて、腹が痛み出す。動こうとすると、ブッパにものすごい形相で睨《にら》まれる。

勢子の声が徐々に近づいてきて、ついにこちら側の尾根まで登ってきてしまった。一回目の猟は不発だった。また雪中行軍が再開される。雪の尾根を二つ越える。次の猟場につくと、あらためて陣形が敷かれる。

一回目のブッパに懲りていたので、今度は自由に動き回れる勢子につくことにした。だが、またすぐに後悔した。

勢子は、新たなブッパの位置を確認すると、一旦稜線伝いにひと山越えて、谷の反対側の尾根に回る。そこから全員が一定の距離を空けて横並びになり、野兎を追い出しながら急斜面を谷に向かって下ってくる。

斜面がきつい上に、雪が深くてカンジキが効かない。白一色の世界で、うっかりすると雪庇《せっぴ》を踏み抜く恐れがある。泳ぐようにして駈け下る。一人でも遅れて陣形が崩れると、せっかく追い出した野兎はそこから逃げてしまう。必死で大声を発しながら、もがくように雪を掻《か》き分ける。ブッパと真逆で、勢子は大汗をかくほど暖まるが、体は酷使する。

谷に降りると、今度は一気に急斜面を駆け登る。腰まで雪に埋まって足が上がらない。カンジキがひっかかって歩きにくいが、カンジキを脱ぐと、全身が潜って這い出せなくなる。手で雪を掻き、膝で雪を蹴るようにして前進する。口から心臓が飛び出しそうになる。

頭上で、突然銃声が響いた。少し間をおいて、また二発続けて銃声がした。尾根の上で人が動く気配がする。獲物を仕留めたらしい。みんなから遅れて尾根に上がると、シカリのカジヤとリョカンが大型の野兎を一匹ずつ手に下げている。保護色の、真綿のように白い、柔らかい毛に包まれた野兎だった。マタギ衆も、厳しい表情がゆるんで、東北人特有の朴訥な笑顔に戻っている。北極圏まで遠のいていた兎汁とドブロクが一足跳びに戻ってきた。

獲物は、その場で解体される。ショウボウの解体が見事だった。仲間の一人が野兎の片足を持って逆さ吊りにし、ショウボウが足首の薄い皮を爪で裂き、股まで裂いてくると、そこからシャツでも脱がすように毛皮を裏返して、頭から耳の先まで一気に剥《は》ぐ。皮を剥《む》かれて赤裸になった野兎を猟刀フクロナガサで腹を裂き、内臓を腑分けする。血に染まった心臓は、獲物を授けてくれた山の神に捧げる。ほかの肉や内臓、毛皮は残さず袋に入れて持ち帰る。一匹捌《さば》くのに十分とかからない。

因みに、野兎の解体を、鶏と同じく「つぶす」という。山国では、もっとも一般的に食べられた獣肉は野兎で、鶏より安く、手に入りやすかった。野兎がたくさん捕獲された近年まで、一匹丸ごと店先に吊《つ》るし売りされていて、猟をしない者でも手軽に買い求めることができた。野兎は、各家でつぶした。自分でつぶせば、肉だけでなく内臓から骨、毛皮まで無駄なく利用できる。野兎は、俗に〝兎の一匹食い〟といわれて、捨てるところなく食べられる。だから、野兎のつぶしは、山国の人間の必須技術なのだ。

また、野兎猟はマタギなどのプロの猟師だけでなく、一般の村人も獲った。新雪の後などに野兎の足跡を見て、決まった行動ルートが分かれば、細ひもやハリガネの輪や、たわめた枝をバネにした簡単なハネ罠で獲ることができたし、わだら猟でも獲った。わだら猟は、藁を鍋敷きのように輪っかに編んだわだらを空中に投げる。回転して宙を飛ぶわだらの影が雪上に映ると、野兎は鷹や鷲と間違えて木株の根元に頭を突っ込んで動かない。そこへ駆け込んでいって生け捕りにする。昔は、日常使いの鍋敷きや、俵の蓋の桟俵《さんだわら》を投げた。それでも獲れるほど、山に野兎が棲息していた。

結局、この日何度か猟を繰り返し、獲物は最初の野兎二匹だけだったが、一日たっぷり山の気を吸って遊ばせてもらい、今夜の酒宴を盛り上げるに十分な土産《みやげ》まで貰《もら》って、我々は意気揚々と山を下りた。山の神に感謝。

麓の家に帰り着くと、シカリのカジヤの仕事場が調理場兼、酒宴の場になった。神聖な鍛冶場に血の穢《けが》れなど気にしない。鍛冶仕事も、山の猟も、山の神の恵みで命を繋いでいる。

料理番は、やはり若手のショウボウの担当で、ほかのマタギ仲間はストーブにあたりながら、手を出さないが口を出す。今日の山の様子や、猟の反省、獲物を撃ったときの実況報告と腕自慢。今年の雪解けと出熊の時期の予想などに話が盛り上がり、その合間にも料理の指示が飛ぶ。若手の猟師は、そういう先達の話に耳を傾けながら、一人前のマタギに成長していく。

まず、山で皮を剥いできた野兎の四肢を外し、さらに関節ごとに分ける。鍋用には、背骨やアバラを肉つきのままブツ切りにするが、その前に先輩からの指示で、刺身用に脂が乗った背肉や腎臓のまわりの肉を分けておく。鍋は、肉を骨からはずして煮る場合もあるが、骨つきの方が味が出るという。頭は丸ごと煮る。あとで珍味の脳ミソと目玉を食べる。

「今日は、山で一番汗さかいたアンダに脳ミソと目玉を食わすべぇ」。長老が言う。願っても ない光栄である。人一倍食い意地が張った人間が、これを見逃すはずがない。素直に喜ぶと、こけ脅かしのつもりが、逆にトンビに油揚げをさらわれた格好で、相手の方がびっくりした。野兎の切り分けた肉と一緒に、白菜や大根、葱などの野菜と、スギカノカ（スギヒラタケ）に天然マイタケを入れて鍋で煮る。味は味噌仕立て。醤油で煮ると肉が固くなるという。鍋をストーブにかけてグツグツと煮る。

その間に、別の鍋の具を作る。野兎の骨団子である。材料は肉をはずした骨だ。野兎は体のわりに骨が多く、肉が少ない。そのため、骨は捨てずに加工して食べる工夫をした。

野兎の骨は、鶏など鳥類の骨と同じで砕きやすい。固くて筋のある大腿骨以外の骨を、鉈《なた》の峰や玄翁《げんのう》で細かく砕きつぶす。骨の感じがなくなるまで丹念に叩く。骨についている肉片や、骨の髄が一緒につぶされて粘りが出てくる。多少の骨が舌に触るくらいがいいという人がいれば、丁寧に擂《す》り鉢であたった滑らかな方がいいという人もいる。

また、団子に丸めるときに小麦粉をつなぎに使う家や、豆腐や打ち豆、大豆を粉にして混ぜる家もある。それぞれの家の作法と味がある。

骨団子は、鍋や味噌汁の具にする以外に、油で揚げたりして茶請けや子どものおやつにした。

カルシウム満点で、栄養豊富、骨の髄の旨味が出て美味《おい》しい。一見、素朴な骨団子には、山獣の逞《たくま》しい生命エネルギーや、家族の健康を願う愛情が隠し味になっている。山国の子ども達は、こんなに贅沢《ぜいたく》な食べ物を食べて丈夫に育った。

野兎の毛皮や内臓も料理する。〝兎の一匹食い〟に倣って、丸ごと食べ尽くすつもりである。毛皮は、毛を火で焼き、皮を細かく切ってゼンマイなどの山菜と一緒に味噌煮にする。よく煮込むと、シコシコした歯ごたえがあって旨い。説明を受けないと正体が分からない不思議な食感と味だ。

内臓は、腸の肛門に近い部分に詰まっている糞を絞り出し、あとはすべて料理して食べる。腸の中の、まだ消化されていない内容物は、餌にした木の芽の風味がする。野兎の肉は、一般に旧正月頃の春先に獲ったものが味がいいとされる。肉に脂がのり、齧《かじ》った木の香が仄《ほの》かにする。山椒を食べた〝山椒兎〟がもっとも珍重される。食しながら、山の情景が思い描ける。

内臓は、普通味噌煮にするが、ゼンマイやワラビ、ゴボウ、豆腐カス（おから）などと一緒に炒め、酒粕や味噌で煎《い》るようにして食べたりする。昔の猟師は、山で野営をするときに、獲った野兎の内臓を焚き火に放り込んで、焼けたら歯でむしるようにして食った。

また里の家では、傷みやすい内臓を先に食べてから、毛皮つきのままや、皮を剥いだものを寒風が通る軒下や納屋などに吊るしておき、そのつど肉を削いで料理に使った。雪に埋めたり、味噌漬けや塩漬けにして保存食にもした。

肉は鍋で煮るほか、スマシの兎汁にしたり、蒸したり、焼いたりして食べる。蒸すときは、骨ごとブツ切りにした肉を蒸し器に入れ、蒸し上がったら塩や味噌で食べる。蒸すと肉はがれがよく、食べやすい。焼くときは、金網や、串に刺して炙《あぶ》り、これも塩や味噌で食べる。

今日の獲物の野兎二匹が、跡形もなく料理される。残ったのは、まだ柔らかい緑色をした丸い糞と、燃えた毛のカスだけだ。昔、山の人は煙草がきれると、野兎の糞を乾燥させて煙管《きせる》に詰めて吸った。煙に木の香りがする。

兎汁がグツグツ煮えている。腹の虫を騒がせる匂いが部屋に充満している。窓のガラスが湯気で曇り、外はすっかり暗くなっている。音もなく雪が降っている。戸を開けると凍えるような冷気が流れ込んでくる。西根さんが外に出ていって、しばらくすると白く濁った液体が入った一升瓶を抱えて戻ってきた。家の裏で、一人で雪と格闘していたらしい。ドブロクの隠し場所は、仲間にも秘密のようだ。

鍋を囲んで全員が揃《そろ》う。さっそく大きな器に兎汁をよそってもらう。湯気が立つ器に顔をつけて汁をすする。味噌風味にダシが出ていて美味だ。熱くて五臓六腑に染み渡る。骨つきの肉にしゃぶりつく。骨ばなれがよく、柔らかい。肉は脂身が淡白で、鶏肉のようにクセがなくて美味しい。肉が鶏肉に似ていて、昔からキジやヤマドリの肉に匹敵するほど美味であることから、日本では野兎を一羽、二羽と数える。

肉を食べたあと、骨に口をつけて吸うと、中の髄がツルッと抜けてくる。脂っぽい濃厚な味がする。野菜やキノコも味が染みて旨い。

骨団子は、そぼろのように固まっていて、ホロホロとした弾力がある。細かい骨のカケラが舌に触るが邪魔にならない。骨自体に味はないはずだが、しっとりとした肉と髄の脂身が絡み合い、コリコリとした骨の舌触りが加わって、新鮮な食感と味わいがある。骨を食っているという意識が、野生のエネルギーに変換されていくような精神的な高揚感を喚起する。食べ物の持つ栄養素は、そういう暗示的な精神面に強く影響を与える。

野兎の骨団子を食べながら、雪原を後ろ足で蹴って跳躍するバネのような力が乗り移ってくる気がして、自分の丸太ん棒のような太い筋肉痛の足を撫《な》でさすった。少し、ドブロクが効いてきている。

宴たけなわ。里に降りれば、シカリも見習いも、足手まといの客分も箍《たが》が外れて無礼講の酒盛りが佳境に入る頃、目の前の器に野兎の頭蓋骨が置かれる。約束の、脳ミソと目玉だ。小さな頭の、二つの眼窩からすでに目玉がこぼれ落ちている。まずそれを箸でつまんで口に入れる。目玉の周りは柔らかいゼラチン質で、口の中で溶ける。煮て白く濁った目玉はポロポロと石膏質に似た歯触りがある。最後に、固い芯のような黒目が歯に当たる。味は特別にはない。子どもの頃から魚の目玉はよく食べさせられていたので、とくに違和感がない。昔から野兎の目玉を食べると、雪目にならないといった。これも呪術的な要素が強いように思われるが、明日の朝、外の雪景色を見てみなければ効果のほどは分からない。

次は脳ミソ。頭蓋骨を片手に持って、鉈の峰で一撃を加えて骨を砕き、そこからスプーンを入れて脳ミソをすくい取る。野兎の脳ミソは小さくて、薄い灰色の塊でしかない。この中に、臆病さだけを武器にして厳しい自然を生き抜いていく野兎の全知能が入っていたかと思うと、いじらしいまでの感慨を覚える。口に入れると、肝《きも》のようにこってりとした味が舌に溶けていく。脂っぽさが後味として残った。量が少ないせいか、あっけない感じだった。

折悪しくも、マタギ衆の手にかかった森吉山の野兎は、肉の一片から毛皮、内臓、骨、骨の髄、目玉、脳ミソまで跡形なくしゃぶりつくされ、手厚い功徳を奉じられて、魂は月へと昇天を果たした。野蛮な男たちの酒宴もドブロクが効いて乱れ、収拾がつかなくなってきている。我々もまた、すっかり天にも昇る気分であった。

【野兎の民俗学的考察と独断的私見】

古来より、月には兎が棲むという俗説がある。因みに太陽の象徴は三本足の八咫烏《やたがらす》。太陽の黒点を表しているといわれる。お天道様が証人で、熊野の起請文《きしょうもん》に使われる。

仏教説話によれば、インドラ神が苦行僧に化身して、兎に食べ物を乞うたとき、兎は与える食べ物がなく、火中に身を投じて自分の体を差し出した。その行いによって兎は月の精になったという。この手の神話は、キリスト教をはじめ、ほかの宗教にも数多くあり、いつも神はこうした残酷な試練を課してか弱い生命を弄《もてあそ》ぶ。神こそが、その傲慢と老獪姑息《ろうかいこそく》な罪を糾弾されるべきだろう。

兎が月で餅つきをしているという情緒は、アメリカやロシアの企みで暴かれてしまったが、兎の持つ神秘性はやはり月と深い因縁がある。

古代から、兎は雌雄両性を有し、交尾しなくても子を孕《はら》むという俗説がある。月を見て孕み、月の満ち欠けのひと月で出産する。一年中いつでも妊娠して出産する。ときには、妊娠してさらに重複妊娠するともいわれた。実際には、野兎の妊娠期間は約五十日、穴兎が二十八から三十日といわれ、その混合があるようだが、兎のこうした神秘的な習性が、夜を支配する月の魔力と結びついたようだ。古老に話を聞くと、「野兎に中秋の名月は見せるな」といい、山で捕らえた野兎を飼育しようとしても、月の光に触れると不思議な力で脱出し、山へ帰っていくという。

野兎は、多産、豊饒のシンボルで、処女性の象徴。さらに「春」と「再生」の象徴でもある一方で、淫乱の穢れを表し、魔女の化身として忌《い》む風習があった。中世キリスト教美術では、野兎が聖母マリアの足元に描かれているが、それは聖母が肉欲を克服したことを表していると説明されている。野の草を食《は》み、ほとんど攻撃性を持たず、ひっそりと平和に暮らす野兎が、何故そこまで貶《おとし》められなければならないのか。

野兎に対するかかる偏見は、意外に近年までその生態が知られていなかったこと、農耕社会にとっては畑を荒らす害獣として嫌われてきたことに原因の一端がある。

現在、兎はウサギ目に独立し、ナキウサギ科とウサギ科の二科九属六十六種が確認されているが、最近までネズミやリス、モルモットなどの仲間の齧歯目《げっしもく》に分類されてきた。しかし、齧歯目は上顎の門歯が一対なのに対して、兎には門歯が四本あり、二本の大きな門歯の裏側に小さな門歯が重複して生えている。また、犬歯がなく、門歯の後ろが広く開いているなど、さまざまな差異が確認されるに至った。

ナキウサギは、一回のお産で二子か三子を産み、子は六週間くらいで成獣と同じ大きさになる。野兎は普通二子を産み、生後二週間ほどで離乳して親元を離れる。繁殖期は一月から六月。もちろん、毎月出産するようなことはない。だが、集落に近い里山では、野兎は頻繁に捕獲するわりに繁殖率が落ちず、作物の被害が減らないために、多産の固定観念が強調されてきた。

こうした兎の繁殖力と多産のイメージは、女性の性的なシンボルと結びつき、さらに雌雄両性の俗信が、現代のバニーガールを創り出した。バニーガールが、頭飾りの耳と尻尾《しっぽ》で女性を強調する一方で、男性の正装であるタキシードの衿《えり》とカフスをつけているのはそのためだとする。

また中国では、兎は長雨が続くとスッポンになり、スッポンは日照りが続くと兎になるという俗信も、雌雄両性説を暗示している。因みにスッポンの頭は男根の象徴である。

野兎は、世界各地で太古から盛んに捕獲され、食用にされてきた。ヨーロッパでも、街中の肉屋で一匹ものの兎肉が当たり前のように売られている。

野兎の肉を食べると、体力増進に役立ち、脾臓や胃が丈夫になるといった。肝は目がよく見えるようになり、目玉を生のまま飲むと雪目にならないといった。脳髄は生のまま、しもやけに塗り、糞は目の病や痔に薬効があると言い伝えた。

また、妊婦が野兎の肉を食べると、兎唇《としん》の子が生まれるといって忌む風習がある。これは、兎の口からの連想で、もちろん根拠はないが、できるだけ災いの種を避けて、五体満足な赤子を願う親の切なる心情には違いない。しかしまたその一方では、野兎の胎児を食べるとお産が軽くなるといい伝える地方があり、親心は揺れ動く。野兎の胎児を囲炉裏に吊るして煙で燻《いぶ》し、燻製を腎臓の薬にする地方もある。

こうした俗信、迷信のたぐいが多いほど、野兎が山村の暮らしに深く関わってきた証でもある。無知なる偏見もまた、自然界の神秘な力に対する畏怖と畏敬の裏返しでもある。

鴉

鴉《からす》の肉を食った。一度ならず、二度も食った。

最初は信州の山村で、肉団子に料理されているものを食った。元の姿も、調理される過程も見ていないので、鴉の味とはこんなものか、という印象しかなかった。思ったほど臭みがなく、しっかりとした肉の味だった。

二度目は自分で鴉を解体し、調理をして食った。このときは、はっきりとした目的のもとに、手製のパチンコで鴉を執拗に追い、そして食った。あらためて、鴉の肉は美味《うま》いと思った。

他人は鴉を食ったというと、驚いた顔をし、変人扱いするが、自分では常人に比べて多少奇食癖が強いのは認めるが、別段、異常だとは思わない。鴉に対する先入観念を取り払ってしまえば、鳥の肉に変わりはない。また、鴉を食うには、それなりの理由がある。

それは、我が家と裏山に棲む鴉との確執に始まる。

二十数年前、私は房総半島の突端に近い山中で暮らしていた。崩れた崖っぷちの山道を歩いて行き来するしかない山の中に自力で丸太小屋を建てて住んでいた。天然の要害が効を奏して、人は滅多《めった》に訪ねてこない。

鬱蒼《うっそう》とした裏山には狸や鼬《イタチ》、野兎、鹿、猿などが棲み、根元に山の神の祠《ほこら》が祀《まつ》られているハリギリの老木には梟《フクロウ》が棲みついている。ときどき雉子《キジ》が庭に遊びに出てくるし、コゲラが木をコツコツと打つ音が響く。自閉症の気味がある身には、平穏でこの世の極楽であった。

だが、そこへ何の前触れもなく、鴉の一群が侵入してきた。どうやら、敵の本陣は谷を挟んだ小高い山のてっぺんの木にあり、一帯を縄張りにしているらしい。鴉側にすれば、自分たちのテリトリー内に新しい餌場を提供する人間の品定めをする必要があるのだろうが、持ち前の旺盛な好奇心と厚かましさで、日に何度となくやってくるようになった。

しかも連中は早起きで、早朝、空がかすかに白みかけた時刻に、薄い屋根の上に隕石の欠片《かけら》でも落下したかのような音をさせて飛び降りてくる。八角のとんがり屋根を遊び場と勘違いしているかのようにドスドスと走り回り、喉に痰がからんだような無粋な声で啼《な》き騒ぐ。狭い屋根裏で寝ているから、びっくりして飛び起きる。心臓に悪いし、寝覚めもよくない。

最初のうちは、「安房《あわ》の鴉はアワー、アワーと啼く」などと洒落《しゃれ》飛ばす余裕があったが、度重なると「アホー、アホー」とおちょくられているように聞こえてくる。

これが、ウグイスやカッコウ、あるいはメジロやシジュウカラなどの野鳥だったら目覚めも爽やかだが、鴉は不粋で親しみが持てない。浪曲師がウガイをしているような啼き声も下品で、一年中喪服を着ているような全身黒ずくめの姿が陰気で、不吉な印象を与える。

町中の暮らしでも、朝出がけに鴉を見かけると、何か悪いことが起きるのではないかと不安になる人がいる。気の弱い人や迷信深い人は、外出をとりやめて、布団をかぶって寝てしまう。〝くわばら、くわばら〟と災い除けの呪文を唱える年寄りもいる。

昔は、鴉が家の屋根に止まって啼くと、その家に死人が出るなどといった。鴉が自分の家の屋根に止まると、急いで隣家の屋根に追い払った。そのくせ子どもたちに、「人様の不幸を笑うんじゃありません！」などと小言を言う。

新潟の片田舎に育った子どもの頃、悪ガキたちの間でこんな戯《ざ》れ唄が流行《はや》った。

〽校長死んだとて　誰泣くものか
山の鴉が啼くばかり
山の鴉はただでは啼かぬ
葬式まんじゅうが食いたさに

子どもは、ガーガーうるさく啼く鴉も、ガミガミ説教する校長も嫌いだった。だが、よその家の葬式は妙に心を浮き立たせるものがあった。ひもじかった時代の子どもたちには、他人の不幸の重さより、甘いアンコが入った葬式まんじゅうの方が重大な関心事だった。いつの時代も、子どもは正直で、残酷な生き物だ。

鴉は、悪知恵が働く上に、底意地の悪い姑のように老獪で執念深い。それでいて、子どものようにいたずら好きで無邪気なところがある。人間を恐れず、なめている節さえある。

人家近くに出没する鴉は、人の目を盗んでゴミ箱を荒らす。生ゴミが入った袋を破り、中身をぶちまけて汚し、その家の経済状態や食生活を隣近所に暴露する。食べ物だけでなく、ものに対する収集癖があるらしく、外に出してあった子どもの玩具や洗濯物を持ち去っていく。不用意に窓を開けっ放しにすると、室内に侵入して手当たり次第に攫《さら》っていく。

子どもの頃、鴉が林の中の廃屋の屋根裏に出入りするのを見つけて、悪ガキ仲間と鴉の留守を狙って侵入したことがある。梯子《はしご》をかけて暗い屋根裏に潜り込むと、そこは蜘蛛《くも》の巣だらけでお化け屋敷のようだった。すでに人の暮らしの温《ぬく》もりは絶え、湿ったカビ臭い埃《ほこり》や、ものが腐ったような饐《す》えた匂いが澱《よど》んでいた。鼻がムズムズして、何度も大きなくしゃみをした。真綿のような埃が積もった床を這うようにして、壊れた明かり採りの窓の方に行くと、鴉の戦利品の宝物がどっさりあった。

片方だけの靴や子ども用の下駄、靴下、玩具、メガネ、口紅、指輪、入れ歯、カンヅメの空き缶、使用済みの避妊具（ませた年長の子が教えてくれた）まであった。それらと一緒に、ネズミやヘビの死骸があった。それを見て、背筋がゾクッとした。そうした奇っ怪なものを集めてきて、暗い屋根裏で密かに弄《もてあそ》んでいる鴉という鳥が、不気味な魔物に見えた。

背中をじむぐり蛇のような冷たい汗が流れた。後ずさりすると仲間と体がぶつかって身動きがとれなかった。誰かが悲鳴を上げると、緊張が弾けて我先にその場を逃げ出した。蜘蛛の巣が顔にくっついて悲鳴を上げる子や、梁《はり》に頭をぶつけて泣き出す子もいた。

私は、仲間に梯子を占領されて取り残されてしまい、仕方なく軒先から地面に飛び降りた。そのとき、足に激痛が走った。何が起こったか分からず、足を上げたら、板切れに刺さった三寸釘だか五寸釘だかの錆《さ》びた古釘を踏み抜いていた。

脳天が痺《しび》れるほど痛かった。泣きながらゴム短靴を突き抜けている釘を引き抜いて、家までケンケン跳びで帰った。さらに折悪く、家の前で涼んでいた父親に見つかり、古釘は破傷風になるからといって、強引に足を押さえつけられ、傷口を金槌《かなづち》で叩いて悪い血を出した。傷口から黒い血が流れ出た。金槌が血に染まった。あまりの激痛に泣き叫んだ。父親は容赦がなかった。

泣きわめきながら、こんな思いをするのはあの鴉のせいだと思った。恨みを鴉に向けた。鴉に対する怨念は、ここから始まった。

だが、そうした鴉へのいわれなき怨恨は、年とともに忘れた。成長してからの大人社会には、幾多の悪意に満ちた欺瞞《ぎまん》や怨嗟《えんさ》、裏切り、背信などが渦巻いていたから、鴉に対する小さな私怨など、思い出す間もなかった。

ところが、都会の生活に見切りをつけて、自然暮らしを始めたとたんに、鴉が記憶の彼方から突然現れて、平穏な我が家の暮らしに乱入して来た。それでも最初は、屋根や庭の木の上で騒ぐ鴉に対して、それほど強い敵対意識はなかった。啼き声を聞くと、外へ飛び出していって、大声を出したり、石や棒切れで追い払う。何回かは効き目があった。驚いて飛び去る鴉を見て溜飲《りゅういん》を下げた。

だが、敵は名だたる知恵者。大声にもすぐに馴れてしまった。放り投げた棒切れは届かず、投石もスピードとコントロールがない弱点を見抜かれて効き目がなくなった。そうなると、鴉は嵩《かさ》にかかって大胆になり、逆に悪さや攻撃を仕掛けてくるようになった。わざと、大きな足音をさせて屋根を歩いたり、外に出るのを狙って、頭の上に糞や石を落としたりする。一度は、首を食いちぎり、皮を剥かれた蛇の死骸を落とされた。いよいよ、両者の確執は決定的になった。

世俗を離れて、穏やかな日々を求めた自然暮らしではあったが、ついに堪忍袋の緒が切れて、逆襲に打って出た。庭の隅に設えた小さな鍛冶場に駆け込み、直径一センチの鉄棒を加工してパチンコを作った。二股の先端に太いゴムをつけた。弾丸の石を包む袋は、古い革のベルトを切って作った。

空き缶を的にして試し撃ちをしたら、穴が空いて吹っ飛んだ。予想以上の威力だった。これで憎っくき鴉を撃ち落とし、ついでに食ってやろうと考えた。以前、長野で食べた鴉の肉団子を思い出していた。

普通の人は、鴉の肉などは気色が悪くて食べようという気は起きないかもしれない。鴉は不吉で、人の死を予知する凶鳥という先入観念がある。全身黒い姿が不気味だし、獰猛で、腐肉でも食い漁《あさ》る悪食ぶりが食欲を減退させる。いかにも不味《まず》そうだ。

だが、それは〝大いなる偏見〟である。本当は、見た目に反して食べると美味い。肉は赤身で臭みがない。実際に、日本の山深い地方では、昔から鴉を獲って食用としてきた。

食べ方は、肉団子の鍋にするか、肉を細かく叩いてネギを混ぜ、小麦粉を加えて細い竹に塗りつけて焼いて食べる。鴉肉の竹輪。群馬のある地方では、その形状から「ロウソク焼き」と言った。

信州の上田地方では、鴉の肉団子が峠の名物だった。そこでは、鴉は害獣駆除の対象ではなく、食べるために積極的に捕獲した。かれこれ四十数年前、確か、信州上山田から長野に抜ける峠であったと思うが、山間の集落で、鴉を食うかどうか尋ねたことがある。

「鴉は昔から食いよった。ここらは山家《やまが》でひもじかったで、鴉肉はごっつぉだった。鴉は食っちゃうめぇだ。ただ、山の鴉はうめぇが、町場の鴉はゴミを漁っているで、食う気がしねぇな。餌が違うもの。だけんが、鴉は頭がいいで、獲るには知恵比べだ。それが楽しみが少ない山の道楽でもあったのさ」

その捕獲法が奇想天外で、生存のための叡智《えいち》が凝縮している。空腹は知恵の源泉である。

鴉を獲るために、まずフクロウを獲ってくる。山でフクロウの巣を見つけて生け捕りにする。子どものフクロウを獲ってきて、育てている人もいる。そのフクロウの脚にひもを結わいて、原っぱの真ん中に置く。フクロウは明るい昼間は視力が弱いので、じっとして動かない。そのため、鴉の囮《おとり》にされる。

しばらくすると、フクロウを狙って鴉が一羽、二羽と群がってきて、木につながれたフクロウを攻撃し始める。フクロウはほとんど無抵抗で攻撃に晒《さら》される。その頃合いを見計らって、物陰に身を潜めていた捕獲人が投網を打つ。多くの鴉はいち早く危険を察知して飛び立つが、逃げ遅れた数羽が網にかかる。残酷だが、鴉とフクロウの習性を熟知した合理的な捕獲法ではある。

自然界は生命に満ち溢《あふ》れている。数え切れない数の生物が入り乱れるようにして棲息している。その多くは生息域を巡って争い、食うか食われるかの関係にありながら、絶妙なバランスで共生している。それを可能にしている一つの因子は、動植物の昼と夜の棲み分けである。

自然界では、日中に採食、生殖などの活動を行う昼行性の動物が多いが、夜行性の動物も案外多い。夜行性の動物にとって、明るい昼は敵に見つかりやすいが、夜は天敵が少なく、餌を獲りやすい。そうした昼と夜の棲み分けによって、多層な自然界の秩序が維持されている。

鴉とフクロウもそれに倣って、一つの森の中で昼と夜の棲み分けをしている。だがその一方で、旧態依然たる敵対関係を払拭できずにいる。昼を支配する鴉が、日中は動けないフクロウの巣を襲い、逆に夜は、フクロウが鴉の寝ぐらを襲撃して雛を奪い合う。そうやって鴉とフクロウは、太古の昔から不毛な争いを続けてきた。

房総山中の暮らしでも、鴉とフクロウの不可思議な関係を実感することがある。例の裏山の老木に棲んでいるフクロウが、早朝の明けやらぬ時間まで啼いていたかと思うと、突然ピタッと啼き止み、そのすぐあとに同じ木で鴉が啼くことがある。そのわずかな時間差が、人間の視覚で確認することが難しい、夜と昼の間《あわい》、結界にほかならない。つまり、天敵同士のフクロウから鴉へ、夜から昼にバトンタッチされるその瞬間が、まさに「夜と朝の間」ということになる。

1969年に「夜と朝のあいだに」という歌が流行ったが、それ以来、長いこと「夜と朝の間」って、どういう時間だろうか、と頭を悩ませてきたが、図らずも裏山の鴉とフクロウによって、積年の命題が解明された。まさに、目から鱗《うろこ》であった。

この地上には、人間が作った時間とはまったく別の、自然界の深遠な時間軸が歴然として存在する。自然界の動植物すべてが、その時間のサイクルに合わせて目覚めたり眠ったりして、一つの棲息環境をたくみに棲み分けながら共存している。だが、文明を手に入れた人間だけが、欲張って昼と夜の両方を支配しようとしている。

時間は、人が管理、操作しようとすると、やがてそれ自体が意思を持ったように加速しはじめ、特殊な時間の観念に捕縛しようとする。人は、時間という虚構がもたらす豊かさや享楽を追い求めながら、昼も夜も休む間もなく働き続け、肉体と精神を疲弊していく。賢い人間はそれに気づきながら、物質的な豊かさや飽食の呪縛から逃れることができない。

そこへいくと、鴉もフクロウも、自然界の時間軸に忠実に生きている。人間にとって嫌われ者である鴉も、ただ本能に忠実に生きているにすぎない。それで厳粛な自然界の秩序が維持されている。逆に、森や山を切り崩して生活領域を侵食してくる人間側に非があると思わざるを得ない。

だが、現実にはそうもいっていられない。安眠を妨害されたり、干物や干し柿を持っていかれたり、畑を荒らされたりする悪さが度重なると、我慢にも限界がある。「仏の顔も三度」、という諺《ことわざ》もある。

ついに手製のパチンコを手に立ち上がった。意気揚々と裏山に出陣する。しかし、敵もさる者、いち早く殺気を嗅ぎ取ったものか、さっきまで騒いでいた鴉の姿が見えない。木陰に身を隠して待つ。しばらくして、空を黒い影が横切っていく。鴉だ。しかし、なかなか降りてこない。上空高く、悠然と旋回している。パチンコの射程距離を見切っているようでイライラさせられる。焦れて、パチンコのゴムを思い切り引き絞って撃ったが、弾丸は外れて、虚しく空に弧を描いて落ちてきた。

一度だけチャンスがあった。しばらく動かずに隠れていると、好奇心旺盛な鴉が偵察に降りてきて、近くの木に止まった。そこを至近距離から狙いを定めて撃った。ドスッという鈍い音がして、石の弾丸が命中した。「やった!」と体の血が逆流した。

だが、次の瞬間、鴉は何事もなかったように、大きな翼を広げて悠然と空に飛び去っていった。くやしいかな、石が命中しても体をグラッとも体勢を崩さなかった。鴉は、胸板も翼も思いのほかに頑強で、パチンコの威力では歯が立たなかった。仕留めるには頭を狙うしかないが、確率は低い。すっかり気力が萎えてしまった。鴉との一騎打ちは完敗であった。

それから一週間ほどたったある日、知人の鉄砲ぶちが訪ねてきた。その手には、なんと鴉が下がっていた。大きなハシブトガラスだった。数日前、一緒に酒を飲んだときに、鴉とのいきさつをグチッたのを気にとめていたらしく、わざわざ鴉を撃って持ってきてくれたのだった。

その折に、「鴉は人間社会との距離が近いんだから、鉄砲を使うのは邪道だ！」と言ったら、「オレだって鴉なんて撃ちたくないよ」と、眉根をよせて否定していた。

そうなのだ。彼は、私が鴉との戦いに敗れて意気消沈していることに同情して、鉄砲ぶちにとって名誉でもない鴉を撃ってきてくれたのだ。手段はともかく、その友情に感謝こそすれ、彼を責める筋合いではない。

「最近は鴉が増えて、農村や漁村だけでなく、都会のド真ん中でも鴉の被害が深刻な問題になっている。もし、鴉の肉が食用になれば、被害対策と食料問題が、一石二鳥に解決できるかもしれない。それに、人間の狩猟本能を満足させれば一石三鳥だ。でも、オレはよっぽど飢えなければ鴉なんて食いたくないけどな」

彼は、友情に厚く、常識人で、合理的精神の持ち主なのだ。お礼に、鴉の肉団子をご馳走するというと、目の前の蠅を払うように大げさに手を振って帰っていった。

さて、入手方法の是非はさておいて、せっかく手に入った鴉を無駄にしたくないので、さっそく料理に取りかかる。ハシブトガラスは、クチバシが大きく、二本の脚が太くて恐竜の皮膚のように硬く角質化している。爪も鋭い。軀《からだ》がズシリと重い。

まず包丁で首を落とし、逆さに吊るして血抜きをする。その間に頭の皮を剥《む》く。脳ミソは小さいだろうが、珍味の期待がある。頭蓋骨はコレクションに加えられる。以前、キジを解体したとき、頭から脚のさきまでの骨を集めておいて、骨格標本を作ったことがある。

額から後頭部にナイフを入れて皮を剥《は》ぐ。頭の骨は石のように硬い。これではパチンコの弾丸が命中しても効き目がなかったかもしれない。

頭を片付けたら、軀を解体する。羽根を抜こうとするが、太い風切羽がなかなか抜けない。強引に引き抜くと皮膚が傷つき、血が滲《にじ》んでくる。熱湯をかけると抜きやすくなるかと思って触ってみると、皮膚がゴムのように厚くて硬い。皮ごと剥いでしまった方が調理がしやすいようなので、腹から胸にかけてナイフを入れる。

下腹部から内臓を抜き出す。心臓、肺、肝臓、砂嚢（胃）、膵臓、小腸などがひと塊りになって出てくる。胃を切り分けると、消化しかけた草やハゼの実がびっしり詰まっていた。山の鴉に違いない。晩秋の季節、山には餌がないのかもしれない。悪食の鴉が、かぶれることで嫌われるハゼの実で空腹を満たしている。自然界に生きとし生けるものすべてが、深遠な曼荼羅《まんだら》宇宙の因縁因果で結ばれている。その現実に、新鮮な感動を覚える。

胸の下から肛門の近くまでナイフを入れたら、そこから両側に皮を剥がしていく。脚を切断し、翼の骨も関節から切り離す。鴉が黒い喪服を脱ぎ、赤い肉の塊になる。肉というより、強靭な筋肉が束になって張り巡らされているといった感じで、精巧な機械のようだ。この強力な筋肉のバネが、強風に逆らって飛ぶ力強い飛翔力の秘密だった。

胸骨を真ん中から裂く。これもおそろしく硬い。鴉という鳥は、全身に鎧《よろい》を纏《まと》っている戦士だ。自分より軀が大きい鷹や鳶に戦いを挑み、人間も恐れない不敵な戦闘的本性は、この肉体的な構造に対する絶対的な信頼と自信の表れかもしれない。

胸骨に包丁の刃を当て、峰を拳《こぶし》で叩いて割る。そこに指をかけて両側に開く。バリバリと骨が砕ける音がする。太い背骨や胸骨、頸骨などは肉を削ぎ落とし、細い骨は肉と一緒に鉈でよく叩いて潰す。

硬い骨と肉がだんだん柔らかくなり、粘りが出てくる。骨のカケラが邪魔にならなくなったら、軽く塩コショウをし、小麦粉を少し混ぜて食べやすい大きさの団子に丸める。

鍋に鶏ガラのダシ、醤油、酒、さらに味噌を隠し味に加える。ひと煮立てさせたら、鴉の肉団子、葱、白菜の具を入れる。アクがかなり出る。灰色の濁った泡を丁寧に掬《すく》い取る。

ここまで用意して、鴉の頭を忘れていたので外に取りにいくと、野良猫が林の中に逃げ込むところだった。鴉の頭はどこにもなかった。鴉の死骸は、鳩除けにするくらいだからと油断していたら、思わぬ伏兵にやられてしまった。くやしいが諦めるしかない。

だが、鴉の肉団子汁は美味かった。肉は赤身で歯ごたえがあり、咀嚼《そしゃく》するほどに味が滲み出てくる。鶏と違って多少アクが強いが、肉は臭みがない。汁と一緒に味わえるので、抵抗感なく食べられる。

少し分けておいた肉を竹に巻いて「ロウソク焼き」にした。肉や血の味が凝縮している。濃密な野生の味がする。

鴉の生前の雄姿を思い描きながら、鴉肉を味わう。情景を食すことが、食の極意である。情景が見えない料理は、隠し味が一味足りない。そこには、感情的な遺恨はもうない。生命の力強さ、逞しさへの羨望と、生命あるものの哀れみ、そして素朴な感謝があるのみだ。

生者必滅会者定離《しょうじゃひつめつえしゃじょうり》。野を肥やせ骨の形見の芒《すすき》かな。手向けの句を諳《そら》んじながら、ありがたく鴉肉を胃に納める。野を肥やす前に、自分の腹を肥やした。美味であった。満足であった。

【鴉の民俗学的考察と独断的私見】

空高く飛翔する鴉を目で追っていると、その姿が太陽と重なることがある。眩《まぶ》しくて目をつぶると、網膜に残像が映し出される。足が三本にだぶっている。それは、伝説の霊鳥、八咫烏《やたがらす》の姿を彷彿《ほうふつ》とさせる。

三本足の八咫烏は、神話で、神武天皇が東征の折に道に迷って難渋していると、天から舞い降りて道案内をしたとされる鳥で、紀州熊野神社でも神の使いとして崇《あが》められている。尾張の熱田神社や、安芸の厳島神社、伯耆の大山でも烏は神の使いとされ、神事や、吉凶占いに霊験を表すと信じられてきた。奈良榛原には八咫烏神社がある。

神武天皇の神話は、ギリシャのアレキサンダー大王の伝説の〝盗作〟だといわれ、アレキサンダーの鷹が、烏に変わっている。神武天皇の東征は、結局東北型の狩猟採集の文化を、南から入ってきた稲作中心の農耕文化が平定していく物語で、烏は定住型の農耕を象徴する鳥だとされる。

また、熊野神社では、かつて牛王宝印という起請文《きしょうもん》を書く用紙を発行し、勧進比丘尼《かんじんびくに》が各地を売り歩いた。起請文というのは、古く、家来が主人に対して忠誠を誓ったり、戦国時代に隣国同士が同盟を結ぶときなどに交わす証文で、のちに一般庶民の間にも流行し、夫婦約束や、遊女が惚れた間夫《まぶ》に証を立てるのに渡したりした。海千山千の遊女が、ウブな男に、年季《ねん》が明けたら夫婦になると騙《だま》して金銭を搾り取る常套手段にも使われた。

起請文には、熊野権現の神様が証人になるという意味で、烏が四十八羽捺《お》された宝印があり、起請文に嘘があると、熊野の烏が三羽死ぬといった。落語の「三枚起請」では、遊女が三人の客に起請文を渡し、それを問い詰められると、「あたしぁ、烏をいっぱい殺して朝寝がしてみたい」と開き直る。江戸時代の市井には烏がうるさいほどいたようだ。

「三千世界の烏を殺し、ぬしと朝寝がしてみたい」。これは高杉晋作が、馴染みの遊女との恋を自嘲した唄だとされる。

一般に烏は、全身が黒い体色と、陰気な啼き声から、罪ある鳥、不吉な鳥とされるが、王陵や聖人の墓地などに棲むことから、魂を護《まも》る鳥とも見なされている。また烏は、太陽の使い鳥とも見なされ、中国では金烏玉兎《きんうぎょくと》といって太陽には烏、月には兎が棲むといった。烏の軀が黒いのは、太陽に近づきすぎて焼け焦げたとも、太陽の黒点を象徴しているともいわれる。三本足の八咫烏の八咫は「巨大な」という意味らしい。

和名のカラスは、体色の「黒し」の音が転じたという説や、啼き声からきているという説がある。漢字の「烏」は象形文字。本来、「鳥」の文字の四画目の横棒が目にあたるが、烏は軀が黒くて目がどこにあるか分からないことから、目の線がなくなったといわれている。また、烏の目が分からないのは、死んで閉じたからで「烏」の文字は、死んだ烏を表しているともいわれる。因みに、「鴉」の字は、主にハシブトガラスに使われる。偏の「牙(が)」は啼き声を表している。

「いずくの烏も皆黒し」という諺は、どこの烏も黒いように、人間の本性もどこにいっても変わらない例えで、「烏合の衆」は、ただ群がって騒ぐだけで、役に立たない群衆を揶揄《やゆ》している。また、暗闇を称して「烏羽玉《うばたま》の闇」などと形容するが、烏の羽根の深い黒色を、練り羊羹《ようかん》のように濃密な奥行きを持つ闇に例えて秀逸である。一切、光を透かさない「烏羽玉の闇」は、想像だに恐ろしい。

烏は、キリスト教の聖書にも登場する。ノアが方舟で大洪水を逃れ、四十日後に陸地を探して烏を飛ばすが、烏はそのまま帰ってこない。そのためかどうか、キリスト教国では烏は素性、正体が不明で、信用のおけない鳥とされる。食べることも禁じられている。

一方中国では、烏の目をえぐって飲むと目がよくなり、鬼や幽霊が見えるようになるという伝承がある。鬼や幽霊など見たくはないが、近眼や老眼、あるいは白内障や緑内障が治るなら、飲みたい人はたくさんいるに違いない。

鴉を自分で料理をして食べた際、頭を野良猫に持っていかれたためにその真偽を試すことができなかったのが、かえすがえすも残念であった。

トウゴロウ

男は、冬枯れの山を重いツルハシを担いで歩いていく。両端が鋭く尖《とが》ったツルハシが、右肩を軸に、天と地を差しながら、歩くたびに振り子のように揺れている。体が硬く、いかにも不自由そうに見えるのは、過酷な山の労働による後遺症だ。肉体の限界を超えた力仕事と、チェーンソーの使いすぎによる白蠟《はくろう》病で、左半身が麻痺して思うように動かない。

だが、そうした肉体的な障害は、初対面の人間には一見して分からない。顔の半分を熊のような剛毛で埋めた、一筋縄ではいかない面構えと、鍛え上げた松の瘤《こぶ》のような逞しい体。そして内に秘めた激しい気性が、衰えた肉体の機能を隠している。

山中秀人（四十三歳）。秩父中津川の住人で、筋金入りの山師として生きてきた男だ。山師とは、秩父地方で原木の伐採や搬出などの山仕事に従事する林業労働者のことで、その中でも山仕事の花形である伐採作業に精通した者を〝きやんぼう〟と尊称で呼ぶ。秀人の親父、市平さんがその〝きやんぼう〟だった。

秀人は十六歳から、親父に山仕事の知識や技術を厳しく仕込まれて育った。頑強な肉体を有し、技術も優れていることから仲間内の人望も厚く、〝次期きやんぼう〟として組を率いていた。だが、チェーンソーの使いすぎによる白蠟病に侵され、現場を離れざるを得なかった。若くして、第一級の身体障害者になってしまった。

白蠟病というのは、チェーンソーや削岩機などの強い振動を伴う工具を長時間使いすぎることによって発症する疾病で、血行不良、抹消循環障害、運動機能障害などが現れる。手足の血管が収縮することによって手足の痺《しび》れや痛み、冷えなどが表れ、指が蠟のように白くなる。症状が進むと、体の骨が白蠟状態になり、脆《もろ》くなってボロボロになるといわれる。

秀人の場合は、あきらかにチェーンソーの使いすぎで、今日の林業労働では、チェーンソーの使用時間は決められているが、かつては規制が緩かった。また、組単位の出来高払いの請負仕事の場合は、どうしても過重労働になりやすかった。生産性を重視するために、体力があって、技術が優れた若者にツケがまわってくる。秀人は、その被害者でもあるが、本人は誰を恨むでもなく、飄々《ひょうひょう》としている。強い男だ。

秀人は、私とは親父の代から三十年来の付き合いで、その壮絶な生き様をつぶさに見てきた。中津川に通い始めた頃は、秀人はまだ十二、三歳の子どもだったが、夏など中津川の急流に飛び込んで、岩魚《いわな》を手摑みで捕ってきた。重油が満タンの四百リットルのドラム缶を、人差し指一本で持ち上げてみせた。並の大人が両手を使っても、ビクともしなかった。

中学を卒業して、中津川の男が誰でもそうであったように山仕事につくと、山を庭のごとく駆け回り、大木を伐《き》り倒し、リンバに原木を曳《ひ》き出した。体がさらに逞しくなった。たびたび一緒に現場に入ったことがあるが、両手が回らないほどの太い原木を、肩に担いで斜面を降りてきて驚いたことがある。遊びで腕相撲をしても、人差し指一本に両手でむかっても、たちまちひねり倒された。

その強靭な肉体を誇った男が、いまは一本のツルハシをもどかしそうに担いでいる。だが、不運な境遇に音を上げるようなヤワな男ではない。

「本当は、オレのような体がきかなくなった人間は山じゃ生きていけねぇんだが、かといって自分で命を縮めるわけにもいかねぇ。生きるっちゃ難しいもんだいね！」

目を皺《しわ》にして、逆境を他人事のように笑い飛ばす。その放胆な性根は、弱気の虫をねじ伏せて生きる山の男の凄《すご》みがある。山に入れば、気持ちが体をグイグイ前に引っ張っていく。足を引きずって、左右にギクシャク揺れる歩きでも、呼吸は少しも乱れない。

奥秩父中津川峡谷の、荒れた林道を行く。ここは埼玉県の西端に位置し、群馬と長野の県境に接する峻厳な山岳地帯の真っ只中にある。周囲を両神山や白泰山、南天山、天丸山など一五〇〇メートルを超す山々が稜線を連ね、その背後を笠取山、甲武信ガ岳など二〇〇〇メートル級の山に囲まれている。

あまりにも山が深く、険しい峡谷に遮られていることもあって、上流に人家があることが長く知られていなかったといわれる。平家の落人伝説が残る村は、長野側から山越えで密かに人の出入りがあったようで、私が初めて訪れたときは、小栗虫太郎の怪奇小説『白蟻』の集落とあまりにも酷似していて、思わず寒気がしたほどだった。また中津川は、人の髪の毛ほどに細い筋状の糸金《いときん》が見つかっており、江戸時代に平賀源内が、幕府に資金を出させてここで金掘りをした。金の産出量が思ったほど上がらず、源内の金鉱探しは失敗に終わるが、ここで日本初の燃えない布、不燃布の石綿を発見している。

中津川集落は、中津川の深い峡谷の底に張り付いたように人家が点在していて、集落から一歩外に出れば、幾重にも入り組んだ山深くに迷い込んでしまう。

普段、山仕事に行く人たちのほかは滅多に人が通らない林道は、ましてや厳寒のこの時期に人影はない。雪は陽《ひ》が当たらない山の陰に積もっているだけだが、峡谷の底を流れる沢には氷が張り、足の下でバリバリと音を立てる。

「鼻水が凍るクソ寒いときに、山へ入って遊ぼうっていう物好きはオレらぐれぇのもんだんべ！」

秀人が振り返ってニヤリと笑う。悪戯《いたずら》を企む悪ガキの顔だ。それにしても、凍てつく冬の山に遊びに行く男どもが、何故ツルハシを担いでいるのか。人知れず、山の奥で金塊を掘ろうというのではなく、また岩盤を砕いて恐竜の化石探しをしようというのでもない。

狙うはトウゴロウである。トウゴロウといっても人の名ではない。トウゴロウは秩父地方の俗称で、他地方ではゴトウムシ、トッコムシ、テッポウムシ、ヤナギムシなどと呼ぶ木喰い虫、つまりカミキリムシの幼虫のことだ。

カミキリムシの幼虫の地方名、俗称は数多い。トウゴロウという名の由来は定かではないが、これに似た昆虫にキマダラコウモリ蛾の幼虫でトウノムシというのがいる。それを混同し、特別な親しみを寄せて愛称で呼んだのかもしれない。

信州飯田地方ではゴトウムシという。また、菓子の花林糖《かりんとう》のことをゴトウムシといったりもする。これは、カミキリムシの幼虫を焙烙《ほうろく》や金網で焼き、砂糖醤油をつけた形状が花林糖に似ていたことに由来する。カミキリムシの幼虫は、かつて甘味に飢えた時代のお菓子代わりに食べられた。脂肪分も富んでいて、山間辺地に暮らす人たちの貴重な蛋白源でもあった。

百日咳や風邪、子どもの疳の虫の薬としても珍重した。糞も薬にした。ゴトウムシを釣り餌にすると魚がよく釣れた。愛鳥家は、鳥に精力をつけさせるために食べさせた。昔は、幼虫を市井で売り歩く行商人もいたほど、人の暮らしの身近にあった。

「トウゴロウちゃ、食ったらうめぇぞ。これを食わないで食通づらこいている奴らは騙《かた》り者だ。

それに精力がつくっちゃないぞ！」

むくつけき人熊が山に吠える。吠えながら、目はトウゴロウが潜んでいる木を物色している。

トウゴロウは、体長四、五センチの白い蛹《さなぎ》だ。茶褐色の硬い頭の先の大顎にムカデのような鋭い歯が左右にあり、これで木の幹に穴をあけて潜り込む。その穴が、弾丸で貫いたような丸い穴であることから、テッポウムシの名がある。ヤナギ、クリ、ナラ、クヌギ、クワ、モモ、クサギなどの木を好む。潜り込む木によって、ヤナギムシ、クサギムシなどの名がある。

カミキリムシの大顎は、捕食用ではなく、植物に穴を開けるためのもので、歯は金鋏《かなばさみ》のように鋭い。カミキリは「噛み切り」。または「紙切り」ではなく「髪切り」の意。「毛切り虫」の異名もある。好んで、女性の髷《まげ》に寄ってきて髪を切り、行水する女性の陰毛を切るともいい、好色の虫と言われた。

カミキリムシは、秋に木に卵を産み付け、冬の間、木の中で幼虫時代を過ごして、春に成虫に変態して外に出てくる。トウゴロウが入った木は内部が食い荒らされ、頸動脈を噛み切られて大木でも根元から倒れる。山林では被害は甚大で、昔から害虫として忌み嫌われた。

薪《まき》割りをしていると、丸々と太ったトウゴロウが出てくることがあり、また春になると、成虫のカミキリムシが出てくることもある。カミキリムシは攻撃的で、不用意に手を出すと鋭い歯で噛み付いてくる。

トウゴロウは、俗にスカンポと呼ばれるイタドリの茎にも入る。山地に自生する太いイタドリの根元に丸い穴があり、糞が散らばっていれば、内部に丸々と太ったトウゴロウがいる。また秩父地方では、伐採地の日当たりのいい場所にいち早く根をつけて群生するタケニグサや、セッケングサにもよく棲みつく。

タケニグサは、竹に似て真っすぐ伸び、外側に節があって、中が空洞になっている。昔は、これを切り、何本も繋いで沢から水を引くパイプ代わりに使った。またセッケングサは、生の葉をむしって、水をつけて揉むと石鹸のような泡が出る。汚れが落ちることはないが、山の子どもたちの邪気のない遊びだった。

山の急斜面に群生するタケニグサの根元を一本一本見て回る。その中に、桑のように瘤《こぶ》だらけの太い根元に、鉄砲で撃ち抜いたような穴があるのを見つける。穴の外にオガ屑《くず》のような黒い糞の山がある。トウゴロウが中にいる証拠だ。秀人の顔が好色に歪《ゆが》む。

「野郎、この木に入っているぞ！」

肩からツルハシを下ろす。巡りの藪《やぶ》を鉈で刈り払い、根元にツルハシを打ち込む。厳冬のこの時期、トウゴロウは根の奥に潜り込んでいる。捕るには根を掘り起こさなければならない。

厳寒の山中でタケニグサの根を掘る

だが、タケニグサの根は意外に土中深く張っている。しかも石がゴロゴロしている。ツルハシの先が石を打って、火花を飛ばす。何度も力一杯ツルハシを振るうちに、寒さにかじかんだ体に汗をかき、呼吸《いき》が上がる。

掘り出した根を、穴のところから鉈を入れて割る。縦に割って開くと、何やら呪文のような形の食痕が現れる。これは、トウゴロウが食い荒らした食痕で、アンブロシア菌によって黒くなっているのだが、昔の人は、それが意味ありげな文字や図形に見えることから「虫喰い託宣」と称して吉凶占いをした。山で暮らす人々にとって、自然は強大な力を秘めた畏《おそ》れの対象で、自然が発する警告に過敏に反応した。

根を、さらに深く割っていくと、奥の方に白いブヨブヨとした蛹が蠢《うごめ》いている。トウゴロウだ。暗い穴から突然、白日の下に晒《さら》され、体を縮めてうろたえている。それを指でつまみ上げ、タケニグサを短く切った筒に入れて、両端に草を詰めて栓をする。こうしておけば蛹が潰れず、生きた状態で持ち歩ける。収穫がたまるまで試食はおあずけである。二人でツルハシを交代しながら、厳寒の山で汗を流す。

結局、二、三時間山で遊んで、八匹のトウゴロウを捕った。真冬に大汗をかき、爪に泥を詰めて労働した成果だ。まずは満足すべき収穫である。今日、食うだけの数があればいい。

例え、木を食い荒らす害虫であっても、深遠な自然界の生態系に何らかの役割を担って生存している。この世に、意味のない生物は一つとしてない。人間中心の自然観で、生命の価値を判断するのは慎まなければならない。

山を降りて、川原で焚き火をしてトウゴロウを調理する。調理といっても、数が少ないので串に刺して焼くだけだ。

「トウゴロウの本当の味は生に限る!」

秀人が言う。一匹指でつまむ。盛んに体をくねらせ、幼虫の分際で健気にも指に噛み付いてくる。一瞬のためらいがある。だが、秀人が覗き込むようにして凝視しているから、思い切ってトウゴロウを口に放り込む。舌の上でくすぐるように動き回る。このまま飲み込んでしまっては味が分からないので、歯で噛み潰すと、ヌルッと粘りのある体液が溢れ出す。生温かく、脂っぽい甘味が口中に広がる。

「この味は、母乳の味だ!」

秀人が面相を崩す。だが、当方すでに五十路をすぎて、おふくろの乳の味の記憶は遠い。また、授乳する赤子の乳首を横から奪って舐《ねぶ》った味も忘れてしまった。ただ、おぼろげながら母乳は意外に薄く、甘味も少なく不味だった印象がある。トウゴロウの味は、それよりはるかに濃厚で甘味が強い。どちらかというと、イチゴにかけるエバーミルクの味に近い。それくらいに濃くて甘い。食ったあと、口中に脂がまとわりつくが、昆虫特有の青臭さや苦味がなく、さっぱりしている。なかなかの美味であった。

いよいよメイン・ディッシュの調理にとりかかる。といっても、ただ火に炙《あぶ》るだけだ。トウゴロウの体のド真ん中に横から串を刺し通す。二、三匹を連刺しにする。焚き火の炎を抑えて熾火《おきび》にして、強火の遠火で焼く。トウゴロウは土手っ腹を串刺しにされて、丸まったりくねったりしているが、火にかざしたとたんに体を棒のように伸ばして硬直してしまった。

ブヨブヨと柔らかかった外皮が固くなり、脂でテカテカと艶《つや》が出てくる。蛹の気色悪さはもうない。砂糖醤油や黒砂糖をまぶしたら、花林糖と見間違いそうだ。香ばしい匂いが食欲をそそる。昔の人は、滅多に口にすることができない花林糖に思いを重ねて、トウゴロウを食べた。

焦がさないように焼き上げたトウゴロウを串から抜いて、口にほおばる。噛んでも生食のときのように、ヌルッとした体液は出ない。皮がサクサクとして歯触りがよく、香ばしさが鼻に抜ける。中の脂肪分と蛋白質が凝固して、上質のチーズのような風味がある。硬い頭は、カリカリとして海老に似た味がする。山には稀な珍味、豊潤な味である。飽食に腑抜けた都市の食生活とは対極にある、素朴でつつましやかな美味、山人の秘薬である。まさに、トウゴロウを

トウゴロウを串に刺して焼く。香ばしく美味

食わずして食を語るなかれ、の感を強くする。

生活のあらゆる部分で、自然に頼らざるを得ない山間辺地の暮らしを思うとき、幼虫の姿、形が気色悪く、野蛮な悪食とは口が裂けても言えない。ただただ、自然に生かされていることに感謝して、ありがたくいただくのみである。

いかつい男が二人、川原の焚き火を挟んで、まるで欠食児童のようにガツガツと串にむしゃぶりつく。

「こんなにトウゴロウを食っちゃ、今夜は寝られねぇぞ！」

秀人が、口のまわりの髭を脂でテカテカさせながら、顔を卑猥《ひわい》に歪ませる。第一級の身体障害者とは思えない意気軒昂ぶりである。

トウゴロウが効いてくるには少し早すぎる。

【トウゴロウの民俗学的考察と独断的私見】

カミキリムシは、世界中に約三万種も分布しているといわれる甲虫で、海老のように硬くて長いひげがあり、美しい斑紋が特徴。捕らえるとギイギイという音を出して、強い力で抵抗する。大きい顎と、ムカデのように鋭い歯が二本ある。

その頑丈で鋭い歯から、虫などを捕食する連想を抱くが、トウゴロウは植物食で、葉や木の繊維を噛み切って食べる。「髪切り虫」、「毛切り虫」ともいわれ、金鋏《かなばさみ》のように鋭利な歯をすり合わせて、細い毛でも切る。最近の、粗悪なハサミよりも機能に優れる。

そのため、好色な連想をさせ、風呂場などで若い女性の陰部をめがけて飛んできて、陰毛を噛み切るという噂が広まり、〝エロムシ〟の異名がある。だが、女性の陰部を好む虫は、カミキリモドキの方で、正式のカミキリムシとは別の種類らしい。

このカミキリモドキは、体内にカンタリジンなどの物質を持ち、人間の肌に触れると炎症を起こす場合がある。火傷《やけど》の跡のようなみみず腫《ば》れができることがあるため〝ヤケドムシ〟などとも呼ばれる。この虫は、とくにいやらしいわけではないが、肌の柔らかくて抵抗力の弱い部分を狙ってくるので、やはり若い女性は用心するにこしたことはない。

また、カミキリの仲間のジャコウカミキリムシは、麝香《じゃこう》に似た香気を放つといい、ヨーロッパなどでは、この虫を手袋やハンカチでつかんで、ナツメグやシナモンに似た香りを楽しんだという。

カミキリムシの幼虫は、木を食い荒らす害虫として嫌われる一方で、蛋白質と脂肪分に富んでいることから、昔から各地で食べられてきた。江戸時代には、幼虫を箱につめて市井を売り歩く行商人がいたが、こちらは主に薬効が売り物だった。幼虫を焼いたり、油で煎ったりして服用すると、滋養強壮や風邪、疳の虫などのほか、子どもの急性脳膜炎に効くといった。矢が刺さったときの薬、痘瘡《とうそう》にも効くと喧伝された。糞も薬になった。

昆虫の蛹が、成虫に変態するには、驚異的なエネルギーを必要とする。その神秘的な生命力を体内に取り込む行為そのものが、既に万病に勝る効き目を暗示させる。

また、昆虫が変態するときは、いったん蛹が死んだように動かなくなり、少しの間をおいてモリモリと内側から外皮を破って、幼虫とはまったく違った姿で現れてくる。それは、力強い生命の蘇《よみがえ》りであり、死からの復活と再生の象徴そのものである。

人間は、頭で思考する動物であるがゆえに、常に死に対する不安と恐怖から逃れられない。死は、この世との関係を一切絶たれた無の世界。そして死は、母の胎内から産まれ落ちた瞬間から秒読みが始まり、例外なく、確実にやってくる。その畏れと恐怖から解放されるために、生命の生まれ変わり、輪廻を信じようとする。

昆虫の幼虫が成虫に変態する様子は、まさに生命輪廻の可視的なパフォーマンスだが、実は、その小さな生命の神秘を感動して眺める人間そのものが、何億何兆という細胞と遺伝子によって、驚異的な変態と生まれ変わりを繰り返している。

だが、それでも人間は欲深く、この世の未練から逃れられない。死への不安や恐怖はつまるところ、〝個〟の生命に対する執着でしかない。自然が持つ癒しの本質は、むしろ人間を含めたあらゆる動植物のはかない生命の慈しみにある。そして、自然宇宙を構成するすべての生命が、何かしらの因果律によって、死と再生の循環に組み込まれている。

カミキリムシの幼虫、トウゴロウにも五分の魂。木を食い、また一方で鳥に食われ、悪食の人間に食われながら、愚かな人間に生命の真理を無言のうちに教え諭《さと》している。

岩茸

山で岩茸《いわたけ》を採ろうと思ったら、断崖絶壁のクライミングを覚悟しなければならない。まれに、山歩きをしていて、岩から剥がれた岩茸が地面に落ちていることがあるが、少しまとまって採ろうと思ったら、やはり絶壁にとりつかなければならない。高所恐怖症の人間にはまず無理だ。岩茸は、主に標高八〇〇メートル前後の、非石英岩層の岩壁に付く。岩は硬いが、縞状《しま》の亀裂が無数に走っていて、触るとボロボロ剥がれる。同じ山でも、石英岩性の岩や、蛇紋岩、御影石《みかげ》などには付かない。

また、日が当たらない北側にはない。日当たりがいい東側から南側の岩場で、朝晩に霧が立ち、水分があって乾かない場所が生育に適している。岩松や、シノブと生育条件が似ているので、それを判断の手がかりにすることもある。

岩茸は、自生地が限定され、盗掘者が暗躍したこともあって、里に近いところは採りつくされてしまい、いまは奥地の、垂直に切り立ったような崖の上の方にしかなくなっている。そのため、採るには、足がかりを探して下から這《は》い登るか、いったん崖の上に回り込んでからロープを使って蜘蛛のように下降していかなければならない。

しかも、岩に張りついたり、宙吊りになりながら片手を離し、手をのばして岩茸を採る。上から足の下を見れば背筋がゾクゾクと寒気がして、尻の穴がムズムズする。逆に、真下から見上げると、雲が流れて、岩壁が手前に倒れてくるような錯覚にとらわれて、軽い目眩《めまい》がする。果敢に高所に挑戦する勇気と、岩登りの技術が要求される。

もっとも、岩茸そのものを知らなければ、初めからそんな危険を冒す必要はない。だが、それでは山界の比類なき珍味を見過ごしてしまう。人生の大きな損失である。

岩茸は、素人には見つけるのが難しい。岩茸は、一見すると岩の表面の垢《あか》が乾いて剥げたようにしか見えない。外側が褐色で、岩に付着している面が黒色をしている。天気が悪いと湿気を吸って灰褐色の面が見え、晴れると乾燥して、裏がめくれて黒く見える。

まるで、岩のカサブタ。治りかけた傷のカサブタが、芯のところでくっついてペコペコしている状態に似ている。地味で汚い。知識がなければ、およそ食欲が湧かない。見つけても、断崖絶壁にぶら下がって採ってやろうとは、まず思わない。

ところが、これが食ってみると美味い。キクラゲとはまた違う食感で、美味、珍味である。そして、ひとたび味を知れば、危険な岩場を這い登り、絶壁に逆さ吊りになっても、採って食べたくなる。

だが、人間の味覚や嗜好は案外保守的で、慣れ親しんだ食習慣に左右される場合が多い。また新しい食べ物も、知らなければ知らないでいいようなもので、未知の食べ物があったとしても格別支障はない。

岩茸も、そういった種類のものかもしれない。実際に、岩茸を一度食べて絶賛する人もいれば、途中で箸を置く人もいる。朝鮮料理のセンマイ（牛の胃袋）のような奇っ怪な形状に、最初から拒絶反応を示す人もいれば、口から吐き出す人もいるかもしれない。それはそれで、一向にかまわない。

しかし、食って美味いとなると、人間の舌や胃袋は俄然、貪欲になる。味や食感が忘れられず、何が何でも食べたくなる。ところが、人跡稀な山奥の、限られた場所にしか生えない岩茸は、そう簡単には手に入らない。手に入らないと、余計に食べたくなるのが人情。なまじ味を知ったために、身を焦がすような思いを味わわなければならない。そう、岩茸の味は、恋に似ている。

その一方で、岩茸は滅多に採れず、希少価値があるからこその珍味である。岩茸は、地衣類に属する苔《こけ》の一種で、一年に数ミリしか成長しないといわれる。固い岩の表面に付着し、雨や霧からわずかな養分を吸って、目に見えない速度で成長する。

そのため、一度採った場所は二、三十年待たないと再び採取できない。知り合いの採取人に聞くと、「最初の五年くらいは早く伸びるが、それからの成長が遅い」というが、それも確証はないらしい。自然界の時間のサイクルに、人間が追いつけない。

岩茸は、驚くほどの高値で取引きされる。現在の相場は、キロ一万円は下らない。そのため、一攫千金をもくろむ盗掘者が暗躍している。昨今の自然食、健康食ブームを当て込んで、盗掘者が後を絶たない。盗掘者は、最初から金銭目当てのプロもいれば、小遣い稼ぎの素人もいる。

彼らは、県を跨《また》いで無許可で山に分け入り、手当たり次第に岩茸を採っていく。自然保護や、犯罪意識などという倫理観はとっくに売り渡しているから、ためらうことはない。また、正しい採り方を知らないから、根がついた岩肌を削り取るように採っていく。

採取場所は年々減る一方で、ますます奥地の険しい岩場にしか残らなくなっている。

欲しい人は、何が何でも欲しい。金はいくら高くても欲しい。高いだけ価値があるように思う。その一方で岩茸は、最近は地元の土産物店でも売っているのに、一般には馴染みが薄いのか売れ残っている。

岩茸は、貴重な植物だった。古《いにしえ》より〝仙人の食べ物〟〝神秘の霊薬〟と言い伝え、山国の人たちが大切にしてきた。その薬効は、煎じて飲むと心臓病や中風、腰痛、下痢、痔瘻《じろう》などに絶大な効あり、食べると滋養強壮に効く。霞《かすみ》を食って生きる仙人のように超人的な生命力、長寿が得られると信じられてきた。また、煮沸すると美しい淡茶色が抽出できるため、地衣染料として利用されてきた。

しかし、いまでは山国の人たちでさえ、滅多に手に入らない幻の植物になりつつある。貴重な山の恵みが世俗の金銭に換算されることによって、山が荒らされ、穢《けが》されていく。

実は、私は岩茸の秘密の自生地を何ヶ所か知っている。場所は、奥秩父中津川渓谷と、奥多摩檜原村の山中とだけ言っておくことにする。とくに奥秩父中津川は、長年山間の村の労働や生活習俗などの民俗学調査に通った所で、周辺の山にも結構詳しい。地元の男は、昔はほとんどが原木の伐採や搬出などの山仕事に従事し、仕事の合間に沢で岩魚《いわな》や山女《やまめ》を捕ったり、山菜や岩茸を採ったりした。採ったものは、山や家で食べることが多かったが、たまに業者に売って小遣い稼ぎする者もいた。名人級の岩茸採りもいた。

私も、彼らについて山に入り、山仕事を手伝ったり、一緒に魚を捕ったり、山菜や岩茸を採ったりして遊んだ。個人的に山歩きや沢登りをしていて、岩茸を見つけることもあった。

だが、もとより岩茸を採って金にしようなどという気はない。山で野営をしたときに、その場で食べる分が確保できればいいし、家の土産もわずかな量で足りる。

岩茸が付いている崖の下には、大抵岩から剥がれ落ちた岩茸が散らばっているので、まずそれを拾い、それから崖に登って必要な量だけ採ってくる。正直にいえば、断崖絶壁にとりついて岩茸を採る行為が、山の遊びの一つなのだ。遊びは危険なほどおもしろい。そして、卑《いや》しい食い意地は、勇気と好奇心の尻を押す。

崖の比較的低いところに付いている岩茸は、下からでも採れる。近くに立木があれば、枝伝いに登ったり、太い藤蔓《ふじづる》があればつかまって登る。岩の出っ張りや、割れ目に手や足をかけて登ることもできる。だが、傾斜がきつい崖は、登るよりも降りるときの方が危険で怖い。崖の途中で、巨大なイモリのように張り付いたまま、動くに動けないことがある。下から登るときは、事前に降りるルートを考えておく必要がある。

登るのが怖ければ、長い棒を見つけて下から岩茸のイシヅキの部分を狙って突くと、岩茸が岩から剥がれて木の葉のようにハラハラと落ちてくる。だが、岩茸と一緒に石の欠片や砂粒が落ちてくる。頭に当たれば痛いし、目に入ったりすると、誰かに目ん玉を舌で舐《な》めてもらわなければならないこともある。舐めてもらいたい相手と、舐めてもらいたくない相手がいる。自分の舌は届かない。

また、いたずらに棒で突くのは、貴重な岩茸の自生地を荒らすことになるから、要注意である。

やはり、手が届かない高いところにある岩茸は、いったん崖の上に回り込んで、ロープで降りる方法が一番いい。崖の上に出たら、根がしっかり張った太い木にロープを結ぶ。結び目は巻き結びで、二重三重にしておく。必ず自分で結び、安全を確認しておく。いくら信頼できる相手がいても、他人が結んだものは不安の種を残す。崖に宙吊りになった状態で、結び目が気になり出すと、不安と恐怖心が膨らんできて、岩茸どころではなくなる。友人に対する猜疑心から、あらぬ妄想が浮かんでパニックを引き起こすこともある。

「オレは、岩茸を採るときは一人で行く。他人が一緒だと気が散るし、秘密にしている場所を教えるわけにはいかねぇ」

奥多摩檜原村の、岩茸採取人（四十八歳）が、欠けた前歯にタバコを挟んだ顔を崩した。

男は、檜原村湯久保の山峡の離れ家に住み、子どもの頃から山を遊び場として育った。父親は炭焼きをして山を転々としていた。中学を卒業してから、土木工事や煙突の解体、山仕事などを渡り歩き、二十歳時分から秋川渓谷の山で岩茸採りをするようになった。

はじめは、小遣い稼ぎの副業だった。奥多摩には、そういう道楽半分の岩茸採りが数人いたが、だんだん奥地に入らなければならなくなって、一人減り、二人減りして、ついに彼一人になった。東京で、唯一の岩茸採取人である。

「岩茸採りは、命がけの仕事だ。生半可じゃやれないでね。オラァ、生まれついての山育ちで、子どもの時分から高いところが好きで、この仕事が合ってる。まぁ、天職っていうんだか。山で遊んで、食っていけるでありがたいようなもんだな」

名人は屈託がない。一、二度岩茸採りに同行を許されたのは、信用されているというより、谷が入り組んだ山の地形が分かるはずがないという安心感があるからだ。また、最初から素人相手のお遊び程度の場所にしか連れていく気がないのかもしれない。実際に山に入ってからは、後ろを追いかけることに必死で、どこをどう通ったか、まったく覚えていない。

男は、ヘルメットに腰鉈をつけ、ロープ、自作のベルトとカラビナと金具類、弁当に焼酎二合。荷物は約十キロになる。荷物一式を担ぎ、道なき山の急斜面を鼻歌混じりで登っていく。筋金入りの山人だ。

大汗をかきながら後を追う。ときどき足をとめて待っていてくれる。

「この辺の岩場はほとんどぶら下がったな。一ヶ所で全部は採らない。なくならないように、チョコチョコつまみ食いしながら歩く。半分、遊びだな」

小一時間、山に分け入って、垂直に切り立った崖の上に出る。立木にしがみついて下を覗くと、百メートルほど下に細い沢が見える。岩壁には、細い灌木《かんぼく》がまばらにのびているだけで、つかまれそうにはない。岩茸を目にとらえることはできない。

「ここで、ちょっと遊ぶべぇ！」

男が、準備を始める。立木の根の張り具合を確かめてロープをかける。この一本のロープが命綱になる。昔は、シュロ縄を使ったが、いまは強度のあるロープを選んで使っている。

結びをしっかり締めて、腰につけた安全ベルトに細いロープを結わき、大型のカラビナと、命綱を通す独特の金具を取り付ける。カラビナも金具も、自分で工夫して鍛冶屋に作らせた。金具とカラビナに命綱のロープを通して、少しずつ緩めながら崖を降りる。

男の姿が見えなくなる。身を乗り出して覗くと、宙ぶらりんになった名人が、いかにも楽しそうに笑っている。

「岩茸がいっぱいあるぞ！」

ロープを頼りに、岩壁を足で蹴って右に左に跳び移りながら、岩茸を素手の指先でつまむようにして素早く剥がす。軍手は、指先の感触が分からないのと、岩をつかむと滑るので使わない。靴も、足の裏の感覚が分かる地下足袋が一番いいという。

岩茸は、無理矢理に剥がそうとすると、バリバリ崩れてしまう。イシヅキの上から親指でおさえて、ねじるようにするときれいに剥がれる。カサブタの芯がポロっと抜けるようで楽しい。そうした一連の動作を一瞬のうちにやるところに名人技がある。採ったら、腰に下げた網袋に入れながら、体は次の場所に飛び跳ねている。

名人は岩茸採りに夢中で、なかなか上がってこない。いつものことで、一度崖にぶら下がると、上がってくるのが億劫《おっくう》になるのだという。確かに、急峻な岩壁に蜘蛛のようにぶら下がって飛び跳ねたりしていると、天地、左右の感覚が麻痺してくる。大地の帰属から解放された、不思議な浮遊感がある。一度味わうと、癖になるかもしれない。

名人は、いつもの一人のときは、宙吊りのまま好物のタバコで一服し、弁当も食べる。体が冷えてくると、焼酎を飲ることもある。ウトウト居眠りすることもある。だが、腰から股にベルトをかけているために、生理現象だけには勝てない。

男は、人知れず危険な目にも随分あってきたという。一度、頭上から落下してきた岩の直撃をくらったことがある。ぶら下がったままの状態で、ハチの巣をつついて大群に襲われたこともある。湿気の強い山中ではいつも蚊に悩まされる。マムシにもよく出くわす。

「マムシを見つければ、こっちがうれしい。マムシ酒にすっから、よろこんで捕って帰る。熊にも三度ばかり鉢合わせしたことがあるが、大声で『おしどり道中』を唄《うた》って通り抜けた」

山人の肝が座っている。

男は、岩茸採りは早朝から始めて、午後二時頃には下山する。日差しが強いと岩茸が乾燥して、折れると商品価値がなくなる。とくに雨のあとに採ったものが品質がいいが、濡れた岩場は滑りやすく、危険度が一層高くなる。

重力から解放された、不思議な浮遊感から脱して、地面に足を下ろすと、大地の磁力にしっかり支えられる新鮮な感覚がある。海から上がったときと同じで、体がやけに重く感じるが、自分の足でしっかりと立つ安心感と喜びを実感する。

採ってきた岩茸を料理する。料理する前に忘れてはならない段取りがある。まず、ぬるま湯を沸かし、その中で採ってきた岩茸を洗う。汚れたパンツをつまみ洗いするように、また手の平で揉むようにして丁寧に洗うと、黒く汚れた汁が流れ落ちてくる。

岩茸の裏面は、紙ヤスリのようにザラザラしている。番数でいえば三五〇番くらいの粗さか。つまみ洗いするうちに、指先や手の平が赤くなってヒリヒリする。それでも作業を続行する。

岩茸は水に浸すと、褐色の表面が鮮やかな緑色に変わる。これをよく揉むと、緑色がとれて青い色になる。緑色が残っているうちに食べると下痢をする。逆に、揉んで青くなると、重度の下痢が治る。昔の人は、その目安を空の青さに求め、〝岩茸は空を見て揉め〟と言い伝えた。

かつては、何気ない人の暮らしは、常に自然と身近にあった。

便秘の人以外は、岩茸を青空の色になるまでよく揉み洗いしてから料理をする。鍋に湯を沸

岩茸をよく洗ったあと、熱湯で茹でる

騰させて、岩茸を放り込んで茹《ゆ》でる。箸でゆっくり攪拌《かくはん》しながら茹でて、柔らかくなったら笊《ざる》に取って冷ます。

笊に並べた岩茸は、濡れてクタクタになった紙ヤスリか、センマイ、蝙蝠《こうもり》の耳などを連想させる。視覚的には、食欲を喚起しない。だが、じきにその不名誉を返上する。

まずは手早く、冷ました岩茸を食べやすい大きさに切り、ポン酢とモミジおろしで和える。味が調和して美味い。岩茸はキクラゲより柔らかく、シャキシャキとした歯触りがある。海藻に似た食感。クセがなく上品な味で、酸味とモミジおろしのピリッとした辛さと合う。酒の肴に絶品である。作り方はシンプルだが、一度この味を知ると病みつきになる。

白和えも美味しい。白和えは、木綿豆腐を擂《す》り鉢で擂り潰し、少量の塩、酢、砂糖で味をつけ、茹でた岩茸を入れて和える。豆腐の淡白な風味と岩茸がよく合う。昔懐かしい味がする。奥秩父中津川では、冠婚葬祭の料理に岩茸の白和えが必ず膳に添えられる。

岩茸は、酢味噌和えや、酢の物、煮付け、天ぷらなどにして食べる。天ぷらは、岩茸を洗ったあと、生のまま薄い衣をつけて油で揚げる。揚げたてを、塩を振って食べる。煎餅のようにバリッとして、噛むほどに岩茸の風味が口中に広がってくる。酒のつまみや、菓子代わりに食べられる。

岩茸を茹でたあと、ポン酢、酢味噌和えなどにして食べる

岩茸は、山国の人々に与えられた自然の恵みである。世間に知られていないからこそ、自然の懐にひっそりと守られてきた。呼吸する森の霧や、山の霊気を養分にして、岩茸の胞子が悠久の時間の中で育ってきた。

その貴重な山の植物が、盗掘によって無残に摘《つ》み採られていく。自然食、健康食ブームとはいえ、「流行《はや》りものは廃《すた》れもの」。ブームが去り、岩茸が絶滅してしまえば、また別の新しいものに飛びついていく。現代人の驕《おご》りと意識の低さは、行きつく先の暗さを暗示している。

自然に対して、どこまで手をつけてよく、どこから先はダメなのかという見極めや、慎みを忘れた人間に自然を語る資格はなく、本当の健康など手に入れられるはずがない。心が貧しく不健全な人間の欲望には際限がなく、永遠に満たされることがない。
そういう人間は、一度緑色の岩茸を食べて、うんと腹を下せばいい。

【岩茸の民俗学的考察と独断的私見】

岩茸は、イワタケ科の地衣植物で、岩茸、石茸、岩菌などといい、北海道から屋久島まで広く分布しているが、生育環境が限られているため、採取が困難である。

山奥の、非石灰岩性の垂直に近い崖に生育し、地衣体（地衣類の個体）は、茸《きのこ》のイシヅキのように中央部の一点で岩に固着して、直径三〜十センチの楕円形に広がる。乾くと裏面の黒色がめくれ、堅くて脆《もろ》くなる。水に濡れると柔らかくなり、褐色の表面が鮮やかな緑色になる。

ところどころに黒色で渦巻き状の模様のある子器（生殖器）をつけ、風や霧、雨などによって運ばれてきた種子と交配するが、成長は極めて遅い。そのため、乱獲すると絶滅の恐れがあり、幻の植物になりつつある。

岩茸は、俗に〝仙人の食べ物〟といわれる。古来より、人跡稀な深山幽谷に棲むという仙人は、霞を食って不老不死の境地に遊んだというが、命あるものが、鯉のぼりの鯉のように風や霞ばかりを口にして生きられる道理がない。また、霞を食って、ただ命を長らえて、一人山中深くに棲んで何が楽しいのか。そのところが、俗人にはいま一つ理解できない。

それに、厳しい修行によって世俗のしがらみを解脱《げだつ》し、超能力を習得して空を飛んだといわれる仙人も、雲の上から下界の女の脛《はぎ》を見て目がくらみ、地上に落ちたりする。煩悩を祓《はら》った果てに色欲という煩悩がある。それは食欲同様に、命の糸と結ばれているから完全に断ち切ることはできない。そこにこそ深遠な悟りがある。

それなら、仙人が常食とした「霞」の正体は何か。ものの本によれば、仙人は深山に朝な夕なに立つ霞に向かって深呼吸をするというが、これは体内の〝気〟を保つための修練。これを盗み見た軽佻《けいちょう》浮薄《ふはく》な人間が、仙人は霞を食うと信じてしまった。

仙人の霞とは、あらゆる生命が混沌錯綜《さくそう》しながら、多層的な秩序に組み込まれた、山の〝精気〟に他ならない。つまり、「仙薬」と呼ばれるものが霞の秘密に違いない。

実際、仙薬は驚くほど多岐におよぶ。岩茸、山人参、岩煙草、枸杞《くこ》、鬼卯木《おにうつぎ》、木天蓼《またたび》、赤松の種子などの植物や茸類から、虎、鹿、熊、猿、山犬、さらに蛇や蛙、井守、山椒魚、亀、蛾などの幼虫まで含まれる。

山の植物は、大地の呼吸によって輪廻を繰り返し、数百年、数千年を生きる。獣は、自然界の厳粛な食物連鎖の中で種を維持する。昆虫は、地から湧き、地上で成虫へと変態を遂げる。そのすべてが、精気をほとばしらせながら、山という聖域の曼荼羅宇宙を構成している。だから、仙人が個という生命感を超越するためには、そうした自然界の神秘の生命エネルギーを体内に取り込む必要がある。それこそが、不老不死の秘薬に違いない。

仙人ばかりではない。かつて過酷な山間僻地に住んだ人たちも、山の植物を食い、獣を食い、爬虫類を食い、昆虫を食った。それは単に、食糧が乏しかっただけではなく、山の生物の中に神秘的な精力が宿っていることを、経験的に知っていたからだ。古く、常民から隔絶され、不当な差別を受けてきた、彼ら山の民こそが「仙人」であった。

岩茸は、その仙人の末裔のために、大切に残しておかなければならない。

野鴨

豪雪に埋まった山中の我が家に、鴨がネギを背負ってやってきた。といっても、鴨が自らカモにされるために訪ねてきたわけではない。そんな奇特な鴨がいるわけがない。やってきたのは、鴨とネギを持参の人間である。

我が家は、新潟県旧下田村の粟ヶ岳の山麓にある。どんづまりの集落から少し山を登った棚田跡に建てた小さな丸太小屋である。名だたる豪雪地帯で、冬は例年三メートルほどの大雪に埋まり、下界から完全に孤立する。二十数年住んだ房総から、故郷の山に移住してきた。覚悟の雪国暮らしではあったが、これほどの豪雪とは思っていなかった。

普段は、棚田や山仕事に行く人しか利用しない山道は、雪にすっぽり埋まって、その所在すら分からなくなる。朝、カンジキで踏んで道をつけても、夕方には元に戻っている。二、三日出かけないと、カンジキを履いても胸まで潜る。何を酔狂の雪山暮らし。自分でも呆《あき》れてしまうことがある。

そんな、里から隔絶した雪中の我が家に、鴨とネギを担いでやってくる者がいる。麓の村に住む若者で、消防署のレスキュー隊に勤務している。体力強靭で、雪山の遭難救助もするので、雪中行軍も苦にしない。若者らしい純粋さと好奇心で、偏屈な山男の暮らしを面白がっている。

それでも、この数日雪かきを怠っていた山道が、さすがにきつかったのか、小屋にたどり着くなり、つい弱音を吐いた。

「オレが、鴨みたいに飛んできたかった！」

肩で息をしながら、ドサリと袋を下ろした。袋を逆さにして中身をぶちまける。足元の純白の褥《しとね》に、ネギを枕にして一羽の鴨が美しい姿態を横たえている。羽根が金色やら瑠璃色に輝いている。

「うまそうだなぁ！」

命の哀れみより、つい食い意地が先に口に出てしまう。もっとも、若者は今年はじめて獲った鴨を一緒に食べようと思って持ってきてくれたのだから、あながち的はずれではない。彼は、ひそかにマタギに憧れていて、今年から鉄砲をやり始めたので、初の成果を自慢したい気持ちもある。

鴨のシーズン到来である。鴨は、毎年十一月の下旬に、遠くシベリアあたりから飛来してきて、村の川や池で翌春まで越冬する。村人にとって、鴨は本格的な雪の季節を告げる渡り鳥である。越冬するなら、なにも雪国を選ばなくても、もっと温暖な場所に行けばいいように思うが、彼らにとっては、厳寒のシベリアに比べたら日本の雪国の寒さなど、ぬるま湯程度なのかもしれない。もっとも、さらに南へ渡っていく鴨もあるから、鴨にも暑がり、寒がりの個体差があるのかもしれない。それとも、小さな脳に刷り込まれた帰巣本能の成せる技か。

実際に、鴨は毎年同じ群れを中心に、第二の故郷に渡ってくる。そこでひと冬を過ごしながら、メスはヒナを孵《かえ》し、育てて、春になると小鴨を引き連れて北へ旅立っていく。その小鴨がまた、新しいファミリーを連れてやってくる。

冬の使者としてやってくる鴨を迎える村の人たちにとって、鴨は「鴨馴染み」。再会を喜び、雪に閉ざされる長く厳しい冬の、心の慰めにする。鴨が棲みやすい環境を整え、餌をやったりする。鴨にとって、人家に近い水辺は、イタチやキツネなどの外敵に襲われる危険が少ないので、居心地がいい。

村人は、その一方で鴨を獲って食べる。さすがに集落の中の鴨は獲らないが、別の所で獲って食べる。雪国の人たちにとって鴨は冬のご馳走だった。自然の恵みでもあった。矛盾しているが、昔からそうやって生きてきた。命あるものを慈しむ心と、その命を奪って食べようとする二律背反する心理が同居している。小さな無辜《むこ》な命に対する憐《あわ》れみと、殺傷に高揚する野蛮な狩猟本能がない混ぜになっている。それが人間である。

この時期、村には鴨のほかに白鳥の群れもやってくる。だが、白鳥は食べない。村の年寄りに聞くと、昔は食べたらしいが、いまは獲る者はいない。食べる者もいない。全身を純白の羽根に包まれた優雅な姿が、人々に残酷な行為を躊躇《ためら》わせるのか。

村の人たちは、雪の晴れ間に子や孫の手を引いて、白鳥や鴨が群れ集う川岸にやってくる。目的は白鳥の方で、やれ美しい。やれかわいいと誉《ほ》めたたえ、パン屑などの餌を投げ与える。一緒にいる鴨が餌を食べると「あの鴨が横取りした。悪いやつだ！」などと悪態を浴びせられ、石で追い払われたりする。

鴨は、白鳥といると、邪魔者扱いされて、あきらかに不利である。美しいものが得をするのは、人間のエゴである。

本当は、鴨も美しい鳥である。頭から首にかけて、黒色の中にキラキラと輝く瑠璃色の羽根に覆われ、胸に純白の綿毛をまとい、淡茶色の風切羽根の先に、日の角度によって光り方が変わる羽根がある。黒、白、栗色、深緑など、いろんな色の羽根に包まれている。白鳥ほど首が長くなく、全体がもっこりして愛らしい。個人的には、白鳥の長い首は、蛇などの爬虫類を連想させて、いまひとつ好きになれない。

白鳥は、どこか近寄りがたい気品のようなものがあるが、鴨は愛嬌があって親しみを抱かせる。昔から、「鴨が群れて飛ぶと雨が降る」とか、「陸地で翼をばたつかせていると大風が吹く」、「雨の日に田の鴨が鳴くと晴れる」などと言い伝え、鴨は人の暮らしの身近にあった。

だがその一方で、鴨は受難の鳥である。古くから、狩猟の対象として弓矢や鉄砲に追われてきた。その豊かな羽根が狙われ、肉を食われてきた。海外でも狩猟の対象とされ、北欧ではケワタガモの羽毛が最高級品とされ、もっぱら羽毛の採取が行われたらしい。その伝統的な羽毛の採取法が面白い。

鴨は巣を作る際に、自分の羽根を抜いて敷く。その習性を見たずる賢い人間は、鴨が産卵したら、親鳥の隙を見て卵と羽毛を取ってしまう。鴨は再び営巣して卵を産む。また卵と羽毛を取る。三度目まで同じように卵と羽毛を取ったら、次は繁殖に影響が出ないように卵を孵化させ、ヒナを育てたあとに、廃巣から羽毛を頂戴する。この方法で十個の巣から布団一枚分の羽毛が取れるという。手間と根気がいる仕事だが、そのこだわりゆえに価値が倍加するともいえる。

日本の鴨猟は、かつては網や罠を仕掛けたりしたが、いまはほとんどが鉄砲で撃つ。網で鴨を獲る方法は、各地方や、人それぞれの知恵と工夫がある。もっとも原始的な方法は、夜に鴨の群れが休んでいる川や沼の岸にそっと忍んでいって、鴨が驚いて一斉に飛び立ったところへ、大きなタモ網を空中に投げ上げてキャッチする。投網を打つ人もいる。山村でよく行

冬に飛来する鴨は、雪国の人々の心の慰めと同時にご馳走でもあった

われた猟で、新潟県下田村の最奥部の吉ヶ平では、山間の大池《おおいけ》が鴨の越冬地で、そこから飛び立つ鴨の群れを、山の尾根で網を仕掛けて獲った。守門岳の旧登山道の途中に、「網掛け峠」の名が残っている。昔は、村人総出でやった。食料がとぼしい冬にやってくる渡りの鴨は、ありがたい自然の恵みだった。

一番効率がいいのはハネ罠で、仕掛けに工夫がある。まず、鴨を獲る前に段取りが必要で、山の中の隠し田のような所に沢の水を引き込み、餌を撒《ま》いて鴨の生息場所を用意しておく。ハネ罠は畦《あぜ》の縁に仕掛ける。長さ二、三メートル、幅一・五メートルくらいの網を木枠で囲み、長いひもをつないで弾力のある木の枝を曲げてバネにし、網を倒しておく。バネには簡単な安全装置がかかっている。そこに細いひもを結んで、田から離れた林の中に目立たない見張り小屋まで引っ張ってくる。

こういう作業は、地元の同好の士というのか、気の合う物好き仲間が集まってやる。孫やひ孫がいるような、いい歳《とし》をした男どもが集まって、ああだ、こうだとはしゃぎながら嬉々としてやる。このときばかりは、昔の悪ガキに戻っている。

網を仕掛けたら、その周辺に餌を撒いておく。鴨が自然に集まってくるように、離れたところからパラパラと餌を散らし、鴨が集まり出しても、すぐには獲らない。鴨が完全に警戒心を解くまで、餌を撒きながら何日も待つ。この分別が年の功で、若い者のように機を焦らない。年寄りには、遊びに費やす時間はいくらでもある。

下準備、段取りがすべて終わり、もうそろそろいいだろうと衆議一決すると、その夜から見張り小屋に潜んで待つ。冬の山の夜は深々と冷え込む。厚い防寒着を着込み、炭を熾《おこ》して手火鉢、股火鉢で暖をとりながら、小さな覗き窓に顔をくっつけて外の様子を見張る。大声を出せないので、顔を寄せてコソコソ話す。まるで、前線のトーチカに置いてけぼりをくらった老兵か、塀の節穴から女の行水を覗いているデバガメ爺さんのようだ。

何日待っても鴨が集まらないようだと、囮《おとり》の鴨を入れる。囮の鴨は、飛べないように翼の先が切ってある。

以前、海鵜《うみう》の捕獲に同行したことがあるが、このときは、断崖絶壁の先端に囮の鵜を繋いでおく。囮の鵜は、騒がないように瞼《まぶた》を糸で縫って、脚をひもで繋いでおく。

野生の海鵜が仲間だと思って飛んでくると、風除けに見せかけたヨシズ囲いの内側から、カギ棒を出して脚を引っ掛けて生け捕りにする。獲った海鵜は食用ではなく、各地の鵜匠の元に送られ、飼育、調教されて鵜飼にデビューする。鵜の捕獲人は、環境庁の認可を得て、人数や捕獲場所、捕獲数も決められている。

囮の鴨を放して根気よく待っていると、ほかの鴨が見つけて降りてくる。一羽が二羽、三羽の仲間を呼び、さらに群れを呼び寄せる。やがて数十羽の鴨が群れ集う。鴨獲り爺さんたちは、声を殺しながら歓喜にうち震える。

鴨がだんだん餌がたくさん撒いてある岸辺に集まってくる。鴨が体をぶつけ合うほど群れたところで、小屋の中から網のひもを引く。ハネ木の仕掛けがはずれ、倒してあった網が反動で跳ね上がり、鴨の上にかぶさる。鴨の群れは突然の出来事に驚いて一斉に飛び立つが、逃げ遅れた何羽かの鴨が網にかかる。

そのとたんに、普段は腰が痛いの、膝が曲げられないなどと愚痴をこぼしていた年寄り連中が、脱兎のごとく小屋を駆け出し、寒中の池に飛び込んでいく。全身ビショビショになりながら、暴れる鴨を取り押さえる。網の下から鴨の青首をつかみ出すと「やった、やった！」と大騒ぎし、「久しぶりに鴨鍋で一杯飲《や》るべぇ！」と叫ぶ。

彼らは、毎年、冬の鴨猟を待ち焦がれている。彼らにとって、冬の到来を告げにやってくる鴨は、重ねた齢《よわい》にまた一年の生の確認を投影させてくれる存在でもある。毎年、飛来する鴨を獲って食べる行為は、自分が生きてきた村の暮らしの原風景と重なっていて、それを次世代に引き渡していくことが村の年寄りの役割でもある。

また、そうした変化が緩やかな時代への憧れは、単に懐古的な郷愁にとどまらず、自然と人の暮らしとの素朴で密接な関わりを示唆している。渡りの鴨はそのことの大切さを教えに、命を犠牲にして毎年やってくる。

何を隠そう、私は、タモ網やハネ罠などの、一見野蛮で原始的な猟法が大好きだ。鉄砲と違って、人間と野生動物の間にハンデが少ない。人間の知恵と、動物の野生の本能との駆け引き。五分と五分のサシで勝負をする面白さがある。また、生身の人間が人力で行う猟の限界があって、それが乱獲の歯止めにもなっている。

一羽、二羽の鴨を獲るため、かなりの時間と労力を費やさなければならない。獲り逃す方が圧倒的に多い。効率が悪い。遊びの延長のようなところがある。娯楽であると同時に、生きるために獲らなければならない。人間が、自然に依存しながら生きていく許容範囲の殺生といってもいいかもしれない。少なくとも、精度の高い鉄砲で遠くから撃つ狩猟とは同質には語れない。

私の知り合いにもハンターが何人かいる。マタギなど、本職の猟師もいる。昔から狩猟で生業を立ててきた猟師を認めるのは、やぶさかではない。だが、偏見を承知でいうと、単に趣味で猟をする人間には、生理的にもどうしても馴染めない。

銃による狩猟の対象はいろいろあるが、中でも鴨猟は特別面白いらしく、彼らは毎年、鴨猟の解禁を鴨より首を長くして待っている。解禁日には、夜が明けない前から、川岸の薮に身を潜めて、引き金に指をかけながら時計とにらめっこをする。うっすらと空が白む払暁《ふつぎょう》五時。秒針がカチッと立った瞬間にハンターが一斉に立ち上がって引き金を引く。あっちからも、こっちからも銃声が鳴り響く。鴨の群れが驚いて空に飛び立ち、何羽かの鴨が朝まだきの空から落ちてくる。

素人考えでは、ひと塊になった鴨の群れを散弾銃で撃つのだから、目をつぶっても外しようがないと思うが、これで案外難しいものらしい。彼らに言わせると、銃は水平撃ちが禁じられているので、鴨の群れをいったん空に追い立てて、四方に広がったときにクレー射撃のように的に命中させなければならない。また、メスは獲れないことになっているので、群れの中から一瞬の判断でオスを狙って撃つのが難しいのだという。

「やっぱり年季がものを言う。この差が出るのさ」

いかにも自慢げに二の腕をさする。普段は礼儀正しい男だが、銃を持つと人間性が変わる。ときどき獲った鴨を届けてくれるから、無下には拒絶できない。

「道楽で生き物を殺して面白いんか！」

と、なかば脅しながら、鴨は遠慮なく貰《もら》うことにしている。ハンターは狩猟本能を満足させ、こちらは食欲を満たす。しかも、こちらは、驕慢《きょうまん》なハンターの犠牲になった鴨を供養してやっている気でいるから、罪悪感は薄い。自分の手を汚さない後ろめたさが少しだけある。

鴨の肉は美味である。とくに野鴨が美味い。空を力強く飛翔し、自分の力で餌を取って生き抜く野生の逞しさが、体の隅々に凝縮している。人間に飼育されている家鴨《あひる》や、遺伝子組み替えをされた合鴨《あいがも》とは比べようがない。

遠くシベリアの酷寒の地から、ヒマラヤ山脈を越えて渡ってくる渡りの鴨は、美しく柔らかい羽毛の下に、濃厚な脂を蓄えて体をガードしている。野鴨料理の味は、すべてこの脂で決まるといってもいい。

野鴨の脂は、濃密で深いコクがある。だが、意外にあっさりとしていて、くどさや臭みがない。上品な味だ。だから、スープを作るときにアクを取りすぎると、せっかくのダシの旨味を捨ててしまう恐れがある。一度、地元の若者に鴨鍋のアク取りを任せたら、澄んだ脂分まですっかり取ってしまって、味もそっけもないスープになってしまった。アク取りは素人には任せられない教訓になった。

鴨は渡ってきた十一月頃は、まだ脂ののりがやや薄い。本格的に雪が降る十二月頃から脂がのってきて一番美味い。渡ってきたばかりの鴨は、過酷な長旅で体力を使い果たしていて、体がやせ細って、筋肉が堅くなっている。それが、寒さが緩やかで、餌が豊富で安全な日本の越冬地で、ゆっくり養生する間に、肉太りをし、また脂ものってくる。因みに、鴨は、翌年二月頃になると脂が落ちる。再びシベリアに帰る時期を前にして、体のシェープアップをしているのかもしれない。鴨を獲るのはその前の時期に限られる。

野鴨の肉は赤身で、堅く締まっている。皮膚の下に脂がある。その下の肉は、厚く引き締まっている。筋肉質だが、筋張っているわけではない。指で押すとゆっくり押し戻してくるような弾力がある。野生の躍動感、生命力のようなものが伝わってくる。

「昔の人は、こういう本物の肉を食べていたんだろうな」

と、しみじみと思う。

鴨を捌《さば》く。動物でも鳥でも、捌き方には人それぞれのやり方がある。男には、他人の捌き方に興味があり、自分の技量と比べる性癖がある。だから、人に見られていると試されているようで、妙に緊張する。そういう緊張感を和らげるには、相手を煙に巻くジョークが有効だ。その一つ。

「極寒のシベリアでは、鴨を鉄砲も罠も使わないで獲るんだ」

まず、意表をつく。さりげなく言うのがコツ。

「エッ、どうやって獲るの？」

うまい具合に、話に食いついてくればしめたものだ。

「鴨の群れが、水を張った田んぼや池で餌を食っていて、突然凍えるような冷たい風が吹くと、水が一瞬に凍りつく」

「それで？」

「そうすると鴨の脚が抜けなくなる。それを見て、人間が鎌を持っていって、稲を刈るようにヒョイヒョイと脚首のところから切り取っていく」

「……」

「そうすると、氷の下に脚の先が残る。それが春になると氷が解けて、そこから芽が出てくる。それがカモメになる」

そこで初めてホラ話だと気づく。大笑いする。その間に解体がほぼ終わっている。相手の意識をそらすのに有効だが、同じ相手に一度しか使えない。

私の鴨の捌き方は、地元の猟師に教えてもらった。鴨を捌くには、筋肉や関節のつき方を見れば、ある程度はできる。だが、プロの猟師はさすがに手馴れていて、やり方が無駄なく、理にかなっている。その技術を見ていて盗ませてもらった。

まず、胸の羽毛と背中の羽根を抜く。丹念に手で抜く。業者は機械で一気に丸裸にしてしまうらしいが、一本一本抜いてやるのが、せめての供養になる。抜いた羽毛や羽根は、クッションなどの詰め物に使える。

丁寧に抜いても、細かい綿毛がまばらに残る。火でチリチリ焼いてもいいが、指の腹でこねるようにすると、団子になるのでむしりやすくなる。羽根を抜き終わったら、両方の翼を元から切り落とし、首と両脚も切り離す。

胴体だけになった鴨を、腹を上にして寝かせ、首のところからナイフを入れて両方の腋《わき》の下から腹、尻まで、皮だけ切れ目を入れる。そのあと、首から肩口まで切り、両側の肩甲骨をはずす。

そこまでやったら、ナイフを置き、あとは手でやる。首のところに手を差し入れ、胸と体半分を剥がす。引っかかるところは、関節部分にちょっとナイフを入れて切り離す。こうすると、体の前側をそっくり蓋《ふた》を剥がしたようになって、背中の骨と肉、内臓がそっくり残る。

鴨の体の構造が一目で見られて興味深い。鴨の生命と、肉体の機能を支えている全器官が、小さな体内に無駄なく納まっていることに、新鮮な感動を覚える。進化の極致、生命の崇高さ

鴨はその姿態も体の内部も美しい。解体のたびに厳粛な気持ちになる

に圧倒される。

心臓、腎臓、肝臓、肺臓、脾臓、大腸、小腸等々。どれも鮮やかな原色や極彩色に彩られて美しい。その一つ一つを手に取って、眺めながら皿に移す。残った血はきれいに洗い流す。尻のところに、臭い脂が溜《た》まっているので、破らないように切り取る。そのあと、骨と背中の肉をはずし、胸肉を食べやすい大きさに切り分ける。

ここまで処理し終わると、あとは食べるばかりになる。まずは酒の肴に、手早く鴨ネギの焼き鳥にする。七輪に炭を熾し、串刺しにした胸肉とネギに塩を振って焼く。火力の強い炭火で炙ると、皮がプツプツと躍動し、脂が滲み出て香ばしい匂いがしてくる。腹の虫が騒ぎ出す。焦がさず、肉に火が通ったら串を横からかじりつく。脂がジュクジュク沸いて、舌を火傷しそうになりながらハフハフとほおばる。鴨肉の濃密な脂と旨味が、ネギの甘さとからんで美味い。

すこし腹の虫が治まったところで、定番の鴨鍋にとりかかる。水を張った鍋に骨を入れ、じっくり煮込んでダシを取る。少量の塩を入れると味が締まる。アクを掬《すく》いながら煮る。野鴨の味を損なわないように、味を確かめながらアクを取る。

充分にダシが出たら、切り分けた肉を入れ、ネギや白菜、ゴボウ、豆腐など、あり合わせの材料を入れて煮る。味の基本は醤油。酒を少し入れる。好みで味噌を少し加えてもいい。

寒い冬に、フーフー言いながら食べる鴨鍋は美味い。野鴨のしっかりした弾力と、噛むほどに旨味と脂が絡んで口中に広がっていく。脂が澄んであっさりしているので、何杯でも食べられる。鴨を一羽捌くと、野菜の具と一緒に鍋がいっぱいになってしまうが、大人二、三人でお代わりするうちに底が見えてくる。

だが、一人だとさすがに何日も残る。雪が降り続くと、里から孤立する山中の我が家では、鍋をストーブにかけて、野菜がなくなると足し、汁が煮詰まって濃くなると水を足しながら、一週間くらい鴨鍋が続くことになる。餅やうどんを入れたり、カレー味にしたり、最後はご飯を入れて雑炊にする。さすがに食傷気味になるが、頻繁に買い物に出られない雪山暮らしでは、温かい鍋がいただけるだけでありがたい。

鴨の差し入れが続くときは、目先を変えてシチューを作る。シチューも、調理法を変える。ホワイトソースで作る場合は、鴨の骨を水から煮込んでダシを取る。セロリなどの香味野菜を入れると風味が出る。濃いめのダシを取ったら、ニンジン、ジャガイモなどを入れて煮込む。ぶつ切りにした鴨肉も入れる。

その間にホワイトソースを作る。市販のシチューを使ってもいいが、自分で作るときは、ニンニクをバターで炒め、ミジン切りにしたタマネギをしんなりするまで炒める。小麦粉、白ワイン、牛乳を加え、塩コショウで味を調える。

鴨肉と野菜を煮込んだ鍋にホワイトソースを合わせて、コトコト煮込む。生クリームを加えてもいいが、バターと鴨の肉で充分コクのある味が出る。こってりと濃密な風味と味わいがあって美味しい。家鴨や鶏肉にはない、骨太の味を堪能できる。

デミグラスソースのシチューも美味い。デミグラスソースの缶詰を買い置きしておくと楽だが、自分で作る場合は、骨から取ったダシをベースにしてソースを作る。ローストした脂や肉汁を使う。

まず、フライパンに小麦粉を入れてキツネ色になるまでカラ煎りして、皿に取っておく。次にタマネギを、繊維を断つように薄切りにしたら、フライパンにバターを入れて弱火でじっくり炒める。タマネギがしんなり色づいたら、カラ煎りしておいた小麦粉を加える。

粉っぽさがなくなるまで、練るようにしながら炒め、ペースト状になったら、鴨肉から取ったダシや脂、肉汁を入れ、赤ワイン、ケチャップ、牛乳、水を加え、鴨肉も一緒に煮込む。隠し味にあり合わせのトンカツソースや醤油、ハチミツなどで味を調える。ホワイトソースと違った濃厚ながらさっぱりとした味がして美味い。野鴨の旨味を絞りつくした感じがする。

すべからく肉料理は、その肉から出た脂や肉汁を上手に使うことで、味が調和し、旨味が深まる。ローストする場合は、鉄板やオーブンで焼きながら、溶けた脂や肉汁を焦がさないように取って、それをまた肉に塗りながら焼くと、一層香ばしい風味が出る。肉料理の基本は、これさえ守っていれば美味しい味が保証される。そのあと、いろんな素材やスパイスを組み合わせるのは、一段上の主婦や料理人の世界になる。その世界はまた無限である。

ストーブを燃やした部屋の窓辺で、外の雪景色を眺めながら、温かい鴨のシチューを食べる。こんなときには、雪の中に孤立しているのを忘れて、ちょっと贅沢で、優雅な気分になる。美しい女性と一緒なら、なお楽しい。雪よもっと降れ。このまま二人を閉じ込めてくれ、と願いたくなる。

しかし、残念ながらそんなことは滅多になく、たいていはガサツな男が一緒で、そういう男にはシチューは似合わない。やはり、一升瓶を横にデンと置いて、鴨鍋をがっつく方が似合っている。しかも、我が家にやってくる男どもは、あきれるほどよく食い、よく飲む。

この前も、くだんのレスキュー男と鴨鍋を平らげ、焼酎二升を空にした。二人とも満腹の腹を抱え、酒が回って、体が熱くて汗が吹き出てくる。真っ赤な顔を突き合わせても、エネルギーの発散のしようがない。

「どうだ、裸で外に出て相撲をとろうか！」

冗談半分に言ったら、相手も悪のりして、

「よし、やろう！」

と、叫んで服を脱ぎ始めた。パンツまで脱いで雪の中へ駆け出していく。こちらも負けじと裸になって駆け出す。後ろから追いかけながら、いきなり背中を突き飛ばしたら、雪の斜面を転がり落ちた。悲鳴を上げながら這い上がってくると、あとは相撲にならず、取っ組み合いの大騒ぎになった。大の大人が、裸で雪の中を組んずほぐれずしている光景は、どう見ても尋常ではない。野鴨の肉を食って、二人とも完全に野生に帰っている。

【鴨の民俗学的考察と独断的私見】

鴨は、ガンカモ科に属し、仲間の白鳥、雁、オシドリ、アイサを除いたものの総称。マガモ、コガモ、オナガガモ、ハシビロガモなど。日本ではカルガモを除き、多くは冬鳥である。

鴨は、人間の暮らしの身近にありながら、昔からいわれなき偏見の対象にされてきた。勝負事などで、組みしやすい相手や、騙しやすい相手に対して、「カモにする」とか、「いいカモだ」などと見下したり、都合のいい相手に対して「鴨がネギを背負ってきた」を縮めて「鴨ネギ」などと言った。

「家鴨の火事見舞い」、「家鴨の行列」、「鴨の脛《すね》」などといい、脚が短く、ヨタヨタ歩く姿になぞらえて、不格好な歩き方をする人を揶揄《やゆ》した。「鴨の浮橋」は、鴨が水に浮いて寝る様子が不安に見えることから、安らかではない例えに使われる。「鴨の水掻《か》き」は、外目には水に浮いて気楽そうに見えるが、水中では絶えず水掻きの脚を動かしている様が、人知れず苦労が絶えないことの比喩に使われる。どうも鴨には、低俗、愚鈍な鳥というニュアンスがついて回る。鴨の体形的特徴や、野鳥としての習性はほかの水鳥と共通しているのに、不当な差別を受けている印象がある。

ところが、仲間の白鳥の方は、古今東西、霊鳥とみなされ、神聖視されてきた。東北地方の仙台には、「しらとり様」と呼んで崇められ、ほかにも白鳥明神として祀る土地もある。そこでは、白鳥は神でもあり、また羽に触れただけでも手に赤いミミズ腫れができると信じられ、一種の祟《たた》り神でもあった。

ギリシャ神話では、ゼウスが白鳥に化けてレダと交わったり、いろんな女神の許《もと》に通っていい思いをする。白鳥と交わる女神の逸話は、処女懐胎をイメージさせると同時に、長い首が男性器を象徴していて、自慰を暗示しているようだ。天の川に位置する十字形の白鳥座も、この神話に由来する。

日本でも、ヤマトタケルが死後、白鳥に化身して飛び去っていく。中国では、白鳥の羽毛から天鵞絨《ビロード》という織物を織った。つまり、ビロードは本来、白鳥の羽毛のことで、これを体にまとえば、空を飛べると信じられてきた。ヤマトタケル伝説を匂わせる。ヤマトタケルが変身した「八《や》尋《ひろ》白《しろ》智鳥《ちどり》」は、チドリだったという説もあるが、霊鳥としてはやはり白鳥がふさわしい気がする。

白鳥は、純白の羽根に包まれた美しい鳥であるために、穢れのない純潔性として神聖視されてきたと同時に、白蛇や白熊、白鹿、白猪、白馬など、白い動物には突然変異《アルビノ》の、特別の力があるとする潜在的な畏れの感情から、丁重に祀ることで災いを鎮めようとする祟り神の側面が強いように思われる。

日本では、いまは白鳥を狩猟の対象にしないが、海外ではハンティングされる。だが、日本でもかつては白鳥を獲って食用とした。平安時代の宮廷料理に供され、とくに若鳥は鳥類の中で一番美味だとされた。卵も美味だという。水戸黄門も「西山荘」で、しばしば白鳥料理を食していたといわれている。伊達政宗も好んで食べたらしい。白鳥の古名は「鵠《くぐい》」で、古い文献には、「多食すれば吐血、鼻血、下血、あるいは眼疾などの病を発するが、肉は極めて美味」

と記されている。

通常、渡り鳥は、渡りの前と後では脂肪のつき方が異なるので、それに合わせた調理をしないと美味しくない。一般にジビエ（野生鳥獣）は、冬に備えて栄養を蓄える秋がもっとも美味しい。旬は九月末から二月上旬になる。

鴨は、血の色が濃く野趣に富む味で、オスの方が脂肪が厚くて、風味が強い。人家の近くで越冬することもあって、昔から盛んに食べられた。たっぷり乗った脂肪と肉は、冬を乗り切ろうとする人々の栄養になった。また、食い合わせの諺《ことわざ》に、「家鴨に山の芋」、「家鴨の卵ととろろ汁」などというのがあるが、精がつきそうな感じがする。

人間は古くから、野鳥を食べてきた。縄文時代の貝塚からもシギ科の鳥の骨が発掘されている。

奥会津では秋にヤマガラを獲り、肉を干して冬の保存食にした。能登では、ツバメを塩漬けにして非常食にした。ツグミ、ヒバリは焼き鳥にすると絶品だといい、イスカは味がすこぶる良し。シギも美味。タンチョウは肉が堅くて不味い。ゴイサギは夏のヒナが美味。クロヅルは上品な味。クロガモは、貝類を餌にしているため、肉が生臭いといった。昔は、野鳥を獲って食べることが日常的な行為だった。とくに山間の村では、生存に関わる関心事だった。また、ささやかな娯楽でもあった。

　町場でもよくスズメを獲った。子どもの頃は、野山に出て、パチンコでスズメを撃った。屑米を撒いて、笊の罠でも獲った。空気銃で落としたこともある。獲ったスズメはその場で羽根をむしって、焼いて食べた。骨の周りに肉が少ししかなかったが、腹減らしの子どもにとって鳥の肉はご馳走だった。

　一度は、空気銃の弾丸が遠くの電車の窓に当たって、警察に連れていかれて大目玉をくらったこともあった。いまなら大問題になるところだが、時代が緩やかで、子どもに寛容だった。また、子どもたちは、そうした悪戯や残酷な行為を通して、命の大切さを身を持って学んだ。いい時代だったとは言えないが、暮らしの時間が緩やかで、人との距離が近い人肌の温もりがあった。

鮎

鮎《あゆ》は、日本の国魚である。清流に棲み、姿が美しく、香りがあることから香魚と呼ばれて賞賛される。その上等な魚を〝蓼食う〟部類に貶《おとし》めるのは、ちょっと気がとがめるが、鮎と蓼には不思議な縁《えにし》がある。

昔から鮎の塩焼きには蓼酢が付き物とされてきた。これは、蓼の葉に含まれるタデオナール、ポリゴデオールという辛苦い成分が、鮎の臭みを消すからだといわれる。そもそも蓼は、平安時代に魚の食当たりを防ぐ野菜として栽培されてきた植物だった。だがその一方で、その同じ蓼で鮎を捕る「毒流し漁法」があるから、不可解といわなければならない。

奄美地方に伝わる、鮎の毒流し漁は、川幅の比較的狭い川の浅瀬に石を並べて流れを引き、その先に竹で編んだ筌《うけ》を仕掛ける。そのあと上流側で、蓼を石で叩いて潰したものを流すと、白く濁《にご》った水に鮎が仮死状態になって流されて筌に入る。

昔は、田んぼや小川をかき混ぜて、泥水で魚が呼吸困難になって浮いてくるのを手摑《てづか》みで捕ったが、蓼の毒流しも、その類かもしれない。いずれにしても、蓼の毒も、川底を攪拌《かくはん》した泥も、流れが澄んでしばらくすると、鮎は元気を取り戻して俊敏に泳ぎ去ってしまう。

毒流しは、一般には川の生態系を壊すという理由で公然とは許されなかったが、古くは山村で日常的に行われた。ところによっては、一種の娯楽や行事として村中総出で行われた。秋田の山村では、ナメナガシ、アメナガシと呼び、昭和初期まで、山焼き前の七月初めに行った。
一般に、毒流しに使われる毒は、化学薬品の毒ではなく、山椒《さんしょう》の根や実、胡桃《くるみ》の根など、植物から抽出して使った。

山椒や胡桃の根から毒を作る方法は、掘り出した根の皮を剥《む》き、石や臼でよく潰す。また、山椒の皮を灰汁《あく》で煮て、ムシロに包んで足で踏みつけた。丹念に潰すうちに白く濁った汁が出てくる。木槌《こづち》で叩くなどして、よく潰すほど強い毒が得られると言った。

この毒汁を器に入れたり、再び根に染み込ませて川へ持っていき、水の中で揉《も》むと清流に白く濁った汁の帯が流れていく。

毒流しはすぐに効果は表れてこない。しばらくして、疑心暗鬼になったころに、下流で魚が白い腹を見せて浮いてくる。毒の効く範囲はおよそ百メートルで、それをすぎると毒は自然の力で浄化される。仮死状態に陥った魚も、少し時間をおくと覚醒する。

子どもの頃は、悪童仲間と連れ立って川にいき、自転車を勢いよく漕いで、電灯からコードをのばして電流を流して魚を捕った。ペダルの漕ぎ手が大汗をかくわりに電流が弱かったが、それでもハヤの小魚が浮いてきた。素早く捕らないと、軽い失神から覚めた小魚に逃げられた。
昔は、川は子どもの遊び場でもあった。

かつて山村では、禁漁も解禁も関係なく、必要なときに必要なだけ魚を捕った。だが、それ以外はいっさい川をいじることはなく、堰《せき》を上がれない稚魚を上流に放してやったりした。山村の人たちは、趣味の釣り師と違って、その土地を離れることができない。川は、自分たちが先祖から引き継いだように、また次の世代に引き渡していかなければならない。その掟《おきて》が守られている限り、川は生き続ける。

川の流域に住む人たちにとって、鮎は馴染みの深い魚だ。それゆえに鮎の漁法も多岐に及ぶ。一般的なのは「友釣り」で、解禁を待って釣り師がどっと押し寄せる。

友釣りは、川底の石につく水苔を食べ、その餌場を巡って縄張り意識の強い鮎の習性を利用した釣りで、囮《おとり》の鮎を泳がせて、攻撃してくる鮎を鉤《はり》に掛ける。鮎は、登り鮎の時期以外は苔しか食べないので、友釣りが最善の方法といえる。

竿釣りには、友釣りのほかに、蚊バリを流すドブ釣りや、たくさんの鉤をつけた道具で引っ掛ける懸け釣り、シャクリ・コロガシなどがあるが、時期や場所が限られ、粗暴な釣りとして禁止されているところが多い。

釣り以外には、漁具を仕掛ける筌漁や、鵜《う》を使って捕る鵜飼、火振り漁、刺し網、落ち鮎を捕る簗《やな》漁などが知られるが、ほかにも地方によってさまざまな漁法が伝えられている。

日本人は、清流の妖精とも称えられる美しい姿態と、上品な味がする鮎が好きで、昔から飽くなき探求と、工夫を凝らして鮎を捕ろうとしてきた。

二十数年住んだ房総にも、鮎に取り憑《つ》かれた男がいた。男は、あまたある鮎漁の中で、手摑み漁を得意としている。しかも、驚くほどの成果を上げる。こんな男はほかにはいない。奇人の部類に入るかもしれない。

その男は、山には不似合いな奇妙な風体で現れた。痩身、小柄な体躯に黒のウエットスーツを着込み、手に軍手、足に磯足袋を履き、頭に水中眼鏡とシュノーケルをつけている。磯に水遊びにでも行くような格好だ。男は、その格好で軽トラから降りると、荷台から投網を出し、ヒョイと肩に担いで、「さぁ、一丁始めっか。あとで鮎を焼いて、一杯飲るっぺよ！」と言って、ニンマリ笑った。

男は、房総、清澄山麓の村に住んでいて、生業は大型重機のオペレーターをしている。だが、鮎漁が解禁になると、川通いが日課になる。鮎を捕るのはもっぱら手摑み。釣りでも網でもなく、文字通り鮎を手で摑み捕る。

その技が尋常ではない。男は川にひと潜りすると、両手の指と指の間に、一匹ずつ鮎を挟み、それでも足りないと、口に一匹くわえて上がってくる。それで夏の最盛期には一日一、二時間潜って、平均三〇〇匹は捕る。房総の清流、小櫃川《おびつがわ》では、毎年十万匹の鮎の稚魚を放流するが、そのうちの二万匹は彼一人で捕ると豪語する。

捕った鮎は、近隣の旅館や民宿、料理店などに売る。手摑みの鮎は、傷みが少なく、生きがいいので値がいい。ひと夏の稼ぎは、本業よりいいらしい。

この稀代の名人を紹介してくれたのは、房総久留里の伝統工芸である「雨情楊枝」を作る森光慶さんだった。森さんは三代目の楊枝職人で、黒文字の木から一本一本削り出す楊枝は、繊細で美しい。人格温厚で好々爺然とした森さんだが、職人特有の一徹さと、容易に妥協を許さない偏屈さがある。その森さんから、電話がきた。

「久留里に、鮎摑みの面白い男がいるから来てみろさ。一回潜ったら七匹も八匹も、指の間に挟んで上がってくる。嘘じゃない。とにかくすごいから、自分の目で見てみろさ！」

森さんの声が興奮していた。いつもより声が大きく、耳がジンジンした。聞いているうちに胸が踊ってきた。手摑み漁への好奇心と同時に、ちょっとした対抗心が頭をもたげてきた。

自慢ではないが、岩魚や山女の手摑みなら僕にも一家言がある。以前、秩父中津川の山師に教わって以来、修練を積んできた。山でサバイバルキャンプしたときなど、その日食べる岩魚や山女を手摑みで捕ってくる。水量の少ない沢でなら、釣りより確実に捕れる。沢に棲む岩魚は、人影を見ると、淵の奥に潜って身を隠す。そこに攻め入って素手で掴み出す。釣り竿などは邪魔でしかない。

といっても誰にでもできるわけではない。それなりの修練と技術がいる。川の成り立ちや、魚の習性などを熟知していなければ、小魚一匹掴みだすことはできない。僕の手掴み漁の腕は、苦節十数年にして、奥義の深淵を覗けるところまで来た、と自負している。

その経験から、鮎を一度に七匹も八匹も掴んでくるという話は、簡単には信じられない。というのも、岩魚や山女は、どんなに頑張っても、淵の石の下から一匹ずつしか掴み出せない。その淵にいなければ空振りのこともよくある。大きい淵でも、一度に何匹も掴み出すなどという離れ技はとてもできない。岩魚と鮎の違いがあるにしても、どうやったらそんな芸当ができるのか。

そもそも鮎は、石苔のある餌場をめぐって縄張り争いをする魚で、一度に何匹も手掴みできるほど、一ヶ所に群がっているものなのか。話が本当だったとしたら、男はどんな必殺技を隠しているのか興味がある。これはもう、自分で確かめにいくしかない。

男は、挨拶もそこそこに、我々二人を伴って小櫃川に降りていった。投網を担いでいるのが気になった。手掴みで捕れなかったら、投網を打つなどと言ったら、叩きのめして川に沈めてやる。そんな疑心暗鬼を知ってか知らずか、男は足取り軽く川を歩いていく。

小櫃川は、源流に近いあたりは深く切り立った峡谷になっていて、岩盤の川底を洗うように清流が流れている。夏の猛暑が嘘のように、冷たい川風が心地いい。途中、釣り師や、投網で鮎を捕ろうとする漁師に出会う。男は、彼らと気さくに話を交わす。誰もが一様に、一匹も捕れないとぼやく。そのとき、男の口の端に秘かな嘲笑が浮かんでいるのを、私が見逃さなかった。

「この川の様子じゃ、釣りや投網で鮎は捕れないっぺさ！」

引き上げている男たちの背中を見送りながら、男は誰はばかることなく本音を口にした。

この夏、小櫃川は異常に水量が少ない。その上、連日強い日差しが照りつけて、水温が上がっている。こんな日は、日中、鮎は浅瀬を避けて暗い淵に潜って動かないのだという。友釣りの囮鮎を泳がせても追ってこない。囮の鮎の方がすぐに弱ってしまう。また、淵の窪《くぼ》みに潜っている鮎は、投網にも入らない。男は、それを見抜いている。話は理にかなっている。

川を少し下ると、切り立った崖の下に出る。そこだけ日が翳《かげ》って暗い。そこで男は、投網を降ろして準備をはじめた。なんだ、やっぱり投網を使うのか、と鼻白む心の内を先取りするように男が口を開いた。

「オレの投網は、鮎を捕るためじゃないよ。散らばっている鮎を脅して、淵に追い込むためだ。投網を使わないときは、棒で水面を叩くときもあるよ」

川岸の深みに潜っている鮎も、まばらに散らばっていると、潜って捕るには効率が悪い。そんなときは、投網を打ったり、棒で水面を叩いて一方に追い込むようにすると、鮎が狭い淵の下などに集まってくる。そこを狙って潜れば、群れから引き抜くようにして摑める、というのが男の言い分だが、果たしてそううまく事が運ぶのか。

男が、狙いを定めて投網を打つ。手元から放たれた網がパッと広がり、ザバッと水面に飛沫を上げる。円形の波紋が広がる。網が底まで沈んだところで、無造作に引き上げる。案の上、鮎は一匹も入っていない。男は無表情のまま、網をたぐって川原に置くと、水中眼鏡に唾を吐き、ガラスを拭いて顔に装着し、シュノーケルを口にくわえて川に入っていった。

少しの間、カエルのような格好で水中を覗いたあと、岸辺の淵に姿が消えた。淵は意外と深いらしい。なかなか浮上してこない。時間が停止したようだ。時計を見ると二分以上経《た》っている。森さんと二人で顔を見合わせる。不安が頭をよぎる。バツが悪くなって、潜ったまま逃げたのではないか、と疑念を抱く。

しばらくして、突然水底から泡が湧いてきて、男がひょっこり顔を出した。万歳をするような格好で両手を上げた指の間に、鮎を数匹挟んでいる。白銀色の美しい姿態が日に光っている。シュノーケルをくわえた口の端が笑っている。「オオーッ！」と感嘆絶句する。森さんは、自分の前宣伝が証明されて、満足気に微笑《ほほえ》んでいる。

男は、いやこれからは名人と呼ぶ。名人は、捕った鮎を川原に放り投げると、再び潜水する。そして、潜るたびに四匹、五匹と鮎を摑んで浮上する。ときには両の手いっぱいに摑み、一度は口に鮎をくわえて上がってきた。聞きしに勝る技だ。

しかし、どうやったら生きた鮎を川底の石を拾うように手摑みにできるのか。もしかしたら、あらかじめ川底に鮎が入った籠《かご》を沈めているのではないか、と疑いたくなる。しかし、そんな詐欺《さぎ》まがいの事をしても、何の徳にもならない。彼は、あくまで熟練の技を生かした趣味と、ひと夏の稼ぎという実利の目的で鮎を捕っているのだ。

「捕り方っていっても難しいことはないんさ。鮎は、淵の下の、えぐれて棚のようになった窪みに集まっている。そこに片手をつけて指を広げて構えておいて、片方の手で後ろから静かに追うと、鮎が勝手に指の間に入ってくる。そこを指で挟むだけだ」

名人は、平然と言い放つ。コツは、鮎が指の間に入ったら、エラのあたりを強く挟むと鮎が暴れないという。軍手をつけるのは、滑らないためで、軍手の粗い編目に鮎の細かい鱗が引っかかって摑みやすい。片手ずつ追えば、両手の指に挟める。理屈では両手の指の間に八匹、口に一匹くわえて、最高で九匹捕ることができる。

結局、この日は三十数匹の鮎を捕ったところで漁を切り上げた。そのあと、地元の料理屋で鮎を料理してもらって祝宴を上げた。男は、正真正銘、まさに世に隠れなき鮎捕りの名人であった。

この話には後日談がある。私が、雑談にまぎれて郡上八幡の鮎を激賞したら、名人が秘かに出かけたという。郡上八幡は鮎釣りのメッカ。腕自慢の太公望が、急流に逆らう木杭のように林立している。彼は、その前で、いつものようにウエットスーツに水中眼鏡で川に潜り、次から次に鮎を手摑みに捕った。大漁だった。その行為は当然、問題になり、釣り師たちに吊るし上げられ、漁協に通報されて連行されてしまった。その結果は、たっぷり油を絞られたものの、当時の漁業規約に手摑み漁の規定がなかったために無罪放免になったという。あとでその話を聞いて、彼の、逞《たくま》しい行動力と、ある意味で常識外れの純粋さに驚嘆させられた。

郡上八幡には、古くから釣りを生業にした職漁師がたくさんいて、名人と呼ばれる人たちとも顔見知りだが、その〝鮎の手摑み事件〟は地元で長く語り草になっていた。

鮎の手摑み漁は別格だが、鮎のめずらしい漁法は各地にある。熊野の小座川や、長良川の上流では、火振り漁が行われている。火振り漁は、夜、川に舟を出し、松明《たいまつ》の火で鮎を仕掛けておいた刺し網に追い込む。長い竿で水面を叩いたり、鵜の羽根を竿の先につけて、鮎を脅しながら網に追い込む瀬網漁もある。

鮎の最大の天敵は鵜《う》だが、その鵜を模して「烏《からす》」の羽根を使って稚鮎を捕る漁が、古くから琵琶湖にある。「鮎の追い叉手漁《さで》」という。烏の羽根は、脂分が強く、水を弾《はじ》く。長時間、水に浸けても沈まない。昔の諺《ことわざ》に、「鵜の真似をする烏」というのがある。自分の才能を顧みず、人真似をして失敗するという例えだが、追い叉手漁に限っては、烏は立派に鵜の代役を果たしている。

追い叉手漁は、長い竿の先に烏の黒い羽根を束ねて結ぶ。それを扱うのを〝追い手〟と呼ぶ。竿を巧みに操って、稚鮎を一ヶ所に集める。通常、二人が任に当たる。一方向に追い立てた鮎の群れを間髪を入れず、大きな叉手網で掬い捕る。〝網受け〟と呼ばれ、補佐役がついて二人体制で行う。

漁は、例年四月中旬から五月末にかけて行われる。鮎は一年魚。十一月頃に孵化した稚魚が、春先に体長五、六センチに成長し、餌の水苔を求めて湖岸近くに群がってくる。そこを狙う。

稚鮎は、水温が低いと体を寄せ合って群れを作る。逆に、水温が上がると散らばってしまう。また、三月前だと水苔は食わないし、六月になると沖に行ってしまって、叉手網では捕れない。稚鮎は、水温が上がる午後の数時間に湖岸に寄ってくる。追い手は、乱反射除けのサングラスをかけて、水中の稚魚を探す。群れを見つけると、網受けが水中に膝上まで入って叉手網を構える。

追い手の竿が水中で激しく動く。波間に黒い塊のような稚鮎の群れが離合集散する様子が見てとれる。竿を沖に向けて突くと、魚群は尾をひるがえして裏(岸側)に走り、逆に引くと、沖側に逃げる習性がある。また稚鮎は追われると、ひと塊りになって逃げようとする。追い手は、竿を突いたり引いたりしながら、魚群を叉手網に追い込んでいく。

「こんまい魚は群れから切り離し、群れをできるだけ小さな塊りにまとめるのが腕や!」

追い手は、熟練の技が要求される。竿の動きが早くなると、魚群が一つの生き物のように水中を疾走し、そのまま叉手網に突っ込んでいく。

叉手網は、網を支える左右二本の竿が五メートル余もあり、稚鮎の群れが入ると網が膨らんで、竿が折れんばかりに撓《しな》う。それを網受けが二人がかりで持ち上げる。腰を落として渾身の力を振り絞る。霧状の水しぶきが降って、一瞬七色の虹が浮かんで消える。

網の中には、体長五、六センチの稚鮎がびっしり入っている。数百匹はいる。水揚げは、豊漁に恵まれれば、約八十キロ入る船の水槽が満杯になる。港との間を四往復したこともあるという。

琵琶湖で捕った稚鮎は、全国各地の河川で放流される。全国で放流される鮎のうちで、琵琶湖産の稚鮎が七十パーセントを占める。そのため、琵琶湖の追い叉手網漁は、稚鮎を生きたまま、弱らせない採捕が絶対条件になる。因みに、琵琶湖産の鮎でないと、攻撃性に乏しく、友釣りにかかる率が少ないといわれる。

琵琶湖の、稚鮎の追い叉手網漁は、湖北に住む漁師が考えたと口伝されるが、起源は明治以前とも以後ともいわれ、詳細はよく分かっていない。

鮎漁で有名なのが鵜飼で、文字通り、飼い馴らした鵜を使って鮎を捕る。鵜の首にひもをつけて水中を泳ぐ鮎を追わせ、捕らえて飲み込んだ鮎を吐き出させる。船べりで盛んに焚かれる松明の火が、鮎を脅す役割をするという点では、火振り漁と似ている。鵜飼の起源は、有史以前に遡るといわれるほど古い伝統漁法である。

岐阜の長良川、犬山市の木曽川、宇治市の宇治川、三次市の江川、岩国市の錦川、大洲市の肱川、日田市の筑後川など各地で行われている。いまは、そのほとんどが観光目的だが、古い形の純粋な漁として残っているのは、長良川の中央部に位置する関、美濃付近と、日中、舟を使わずに行う「徒歩鵜飼《かち》」では、島根県増田市の高津川、和歌山の有田川くらいである。

かつて、長良川の鵜飼で捕れた初鮎は、朝廷や幕府に献上され、庶民の口には入らなかった。鵜飼の鮎は、鵜の歯形が〝二の字型〟についているので「二の字鮎」といって、高い値がついたが、現在、鵜飼見学の屋形船で出される鮎は、ほとんどが養殖鮎のようだ。

正真正銘の、長良川の鮎を食べたかったら、鵜飼が始まる時間に、対岸の川原に行くといい。昔は、そういう穴場を知っている地元の人たちが、夜の川原に集まってきていた。

純粋に川原で鵜飼を見学しようとする人に紛れて、タモ網を持っていたり、長靴や、裸足でズボンの裾をまくっている人がいる。彼らは、鵜飼のおこぼれの鮎を頂戴しようという人たちで、昔から、地元住民に対する〝お目こぼし〟として黙認されてきた。

鵜飼の舟は、上流から下ってくる。水流の急な瀬にくると、鵜に追われた鮎が瀬を走り、流れを横切って飛び跳ねながら川岸の石の下などに潜り込もうとする。善意の〝密漁者〟は、その鮎をタモ網で掬ったり、手摑みで捕ろうとする。夜の川で足を滑らせて転んだり、叫んだりして、びしょ濡れになって大騒ぎをする。流域住民の娯楽を兼ねた、夏の風物詩でもあった。

世の中には、鵜飼や友釣りといった〝正統〟な鮎漁があるかと思うと、首をかしげたくなるような、奇想天外な漁もある。房総の、鮎の手摑み漁もその一つだが、それよりさらに奇妙な方法で鮎を捕る男が、四国にいる。男は、秘かに〝仙人〟と呼ばれて、周囲から特異な目で見られている節があるが、特段、実害はないようではある。

その仙人から、鮎捕りの誘いが来た。

四国、高知は清冽な川が多く、鮎の本場である。美味しい鮎を期待して、はるばる出かけていった。

一緒に川に出かけたのは、午後の陽《ひ》が傾きはじめた時間だった。川原では、いままで釣りをしていた人や、水辺で遊んでいた子どもたちが、帰りはじめていた。川原をブラブラ歩いているうちに、あたりは暗くなって、人影がなくなる。

「ぼつぼつやろうか！」

仙人が、いたずらっぽい笑顔を向ける。だが、仙人は竿も網も持っていない。手ぶらでどうやって鮎を捕ろうというのか。手摑み漁が、すぐに頭に浮かんだ。

だが、次の仙人の行動が意表をつくものだった。仙人は、やわら立ち上がると、いきなり着ていた服を脱ぎはじめた。シャツも、ズボンも、パンツも脱いで、スッポンポンの丸裸になった。そして、くるりと背中を向けると、痩せた尻をヒョコヒョコ振りながら、川に向かって歩いていく。
「アンタも来《き》いや！」
暗くなった川岸に、甲高い声が響く。声音は柔らかいが、嫌も応も言わせない強さがあった。
仙人は、ひとには構わず川に入っていくと、下流側に向かって両足を開いて座った。浅瀬なが
ら、水は腰骨あたりまである。露天風呂にでも浸かっているような格好だ。
こちらも覚悟を決めて、上はTシャツ、下半身は裸になる。川に足を入れると、水が思った
より冷たい。一瞬ためらったが、平然を装って仙人の隣に座る。仙人に倣って、両足をV字型
に開く。皮膚が薄い内股がひんやりする。
「これで何をするんですか。どうやって鮎を捕るんですか？」
仙人に疑問をぶつけると、
「待つんや。鮎が来るのを待つんや！」
明るい声が返ってくる。仙人が、水に浸かった先の、暗い水面を指差している。目を凝らし
てみると、水の中で黒い影がゆらゆら動いているのが分かる。離れたところでピシャっと水し
ぶきが上がって、銀鱗が跳ねた。鮎だった。
春先のこの時期、若鮎が川を遡上しようとしている。堰の下の小さな淵に鮎が群がり、落ち

込みの流れを跳躍して越えようとしている。見事にジャンプをして飛び越える鮎がいれば、力およばずに白い腹を見せて流される鮎もいる。暗い夜の川に、蜉蝣《かげろう》でも優雅に舞うように、水面にキラリと銀色に光る鮎の姿態は、幻想的で美しい。

堰を越えた鮎は、浅瀬の急流に頭から突っ込み、体を激しく痙攣《けいれん》させるようにして泳ぎきろうとする。水流に押し戻され、何度失敗しても挑戦をやめない。ほかの鮎に体当たりするようにして、横から割り込んでくる鮎もいる。その中から、一匹、二匹と難所を抜けて、さらに上流を目指していく。

夜の川を遡上する鮎は、最初は裸の人間を警戒して近くに寄ってこない。だが、動かずにじっとしていると、両足を広げた股の間の窪みが、鮎の休息場になるのか、徐々に集まってくる。裸で水に浸かっている下半身が冷えて、警戒心が解けたのかもしれない。

鮎が足の裏に体を寄せてくる。そのうちに、広げた内股を伝って上ってくる。エラや尾が、微妙なタッチで撫《な》でていく。くすぐったいような感触が心地いい。

V字型の内股には終着点がある。鮎は、構わず頭を突っ込んでくる。かなり力強い。鮎は川藻にでもじゃれついているつもりか、鼻面でツンツン突いてくる。これが、案外気持ちがいい。腰下が冷えきっているのに、気持ちが和んでくる。隣で仙人がニヤニヤ笑っている。

そのとき、仙人が突然動いた。素早い動作で、股の間に手を突っ込むと、その手に小振りの鮎を一匹掴み上げてみせた。子どものような天真爛漫な笑顔だった。

「これを、〝鮎のチン叩き漁〟いうんや！　股ぐらンとこに来たときに、鮎の頭の方から素早く、静かに掴むンがコツやきね。大きな鮎やと、尾をピシッと跳ねてチンチンを叩く。痛いよ！」

掴んだ鮎を股の間でピクピクさせながら笑う。すっかり仙人の毒気に当てられる。

自分の漁に集中する。鮎が股ぐらに体をすり寄せてくるところを、両手でわし掴みにする。水しぶきが上がり、鮎が体をくねらせて手をすり抜けていく。あわてて掴み直そうとすると、水面を激しく跳ねて太ももを乗り越えて逃げていく。気を鎮めて、次の鮎を狙う。慎重に狙いを定める。

「間違って、自分のを握り潰さんようにしいや。目を回してしまいきに。鮎のチン叩きは、自分のチンでもあるきね！」

仙人がまた茶々を入れてくるが、無視をする。意識を集中して、鮎が股に頭を突っ込んで、一瞬動きを止める刹那に両手を突っ込む。鮎を川底に押し付けるようにして掴み、エラの下を強く押さえる。全身に熱い血が駆け巡る。もう、寒さなどは気にならない。

鮎が次々に内股に入ってくる。捕った鮎を魚籠に入れ、また摑みにかかる。だんだんコツが分かってくる。成功率が高くなっていく。馴れてくると、鮎の冷たくて、ヌルッとした粘液質の感触や、体をキュッと引き締め、バネのような力で反り返って跳躍を試みようとする力強さが、直に手に伝わってきて、すっかりこの〝奇漁〟にはまってしまう。

漁は、魚と人間の間に介在する道具が少ないほど面白い。手摑みが釣りになり、筌や簗、投網や刺し網などの道具になっていくと、徐々に魚と人間の距離が遠くなっていく。直にやりとりする醍醐味が薄れてくる。ましてや、道具が機械化して大掛かりな近代漁業では、いかに効率よく、大量に獲るしか関心がなくなる。魚は金銭に換算され、資源という感覚すらなくなり、対象魚以外の魚や稚魚まで根こそぎ浚《さら》ってしまう。

もちろん、漁業と、個人の魚捕りとは本質的に違う。漁業は生活がかかった生業であり、社会に供給する使命がある。それに対して個人の魚捕りは娯楽で、自然に触れながら、魚に対して知識と技術を駆使して対峙することに面白さがある。一匹でも捕れれば楽しいし、捕れなくても楽しい。

個人の魚捕りでも、いかに確実に魚を捕るかが最大の関心事だ。一匹も捕れないときの敗北感、徒労感がいつまでも尾を引くこともある。だが、その敗北感が知識や技術を進歩させる。

しかし、経験が、より効率的な道具の進歩に向かう場合と、逆に、道具を減らして原始的な方法に帰っていく、二通りの道がある。原始的な道の究極は、人間に備わった〝手〟という道具を使って魚を捕ることだ。昔の人らがそうであったように、川の仕組みや魚の生態を熟知すれば、道具がだんだん要らなくなる。少なくとも、川で釣り竿や漁具がなくても、うろたえることがなくなる。個人の魚捕りは、その遊び心が不可欠の要素である。

その点、夜の川に裸で浸って、鮎を手摑みにする「チン叩き漁」は、遊び心に満ちている。まさに体を張った漁だ。この日捕った鮎は小一時間で十二、三センチの小振りのものが一一〇匹。体が冷え、下半身が土左衛門のように、白くふやけてしまった対価に見合うかどうかは、問わないのが遊びのルールである。

遊びがすんだら、鮎を食べる。

鮎料理の定番は、塩焼き。鮎は水洗いしてから水分を拭き取り、踊り串を打つ。鮎は苦味のある腹ワタを一緒に食べるのが常道、したがって腹は裂かない。踊り串は、鮎を頭が下、尾を上に向け、腹を左側に向けて持って口から串を刺す。口から串を入れたら、串の先で中骨をすくって体を反らせるようにして、尾の元に抜く。鮎が清流を泳いでいるような躍動感を演出する。細かくいえば、盛り付けたときに、体の上に串の先が出ないように心がける。

串は、野外で竹や細枝で作る場合は、削って平たくする。丸く削ると、魚が落ちてきたり、緩くなって串をかえすのに苦労する。金串を使う場合は、二本串にするか、別に添え串を肛門から背骨に打って安定させる。

串を打ったら、塩を振る。塩は魚に擦りつけず、指の先に塩をつまんで、魚から離した位置から、指を弾くようにして振る。次に化粧塩をする。粗塩を多めにつまみ、胸ビレや背ビレ、尾ヒレにたっぷり擦り込むようにしてヒレを広げ、ピンと立たせる。化粧塩は、焼いたときに焦げるのを防ぐと同時に、イキのよさを目で楽しめる。

下ごしらえが終わる頃、焚火の炎が落ち着いて、練れ火になっている。遠火の強火が基本。火力が強く、焼きムラが少ない。火の近くに串を刺して、腹から焼く。ときどき串を回しながら、頭から体全体をじっくり焼く。強い火力で炙《あぶ》ると、ジュクジュクと脂が浮いてくる。その脂が垂れて、火で燃え上がる。脂が焼ける香ばしい匂いと、鮎のウリやキュウリに似た青臭いような爽やかな香りがして、食欲をそそる。串をかえして、背中の方もじっくり焼く。

鮎は焦がさないように注意をしながらよく焼いて、舌が火傷しそうなやつを頭から齧《かじ》り付くのが美味い。こと、鮎の塩焼きに関しては、料亭などで出される、頭や腹が生焼けのような鮎より、素人が川原の焚火でじっくり焼いた鮎の方が美味い。昔から、「鮎は素人に焼かせろ」

といった。

料亭で出される鮎の塩焼きは、見た目が美しく焼いてある。皿の上で鮎が泳ぐように姿態をくねらせ、青笹を枕に生姜と添い寝をしている。頭も腹もきれいで、焦げ跡などで汚れていない。しかし、食べる段になると、骨が硬くて頭から齧りつけない。身だけをほぐして食べなければならない。なかには、せっかくの腹ワタを残してしまう人もある。そういう食べ方は邪道である。鮎に対するリスペクトが足りない。鮎が棲む清流の情景を思い描き、自然に感謝しながら、頭から一匹丸ごといただくのが鮎に対する供養になる。

鮎が焼き上がる。ところどころに焦げ目がついて見た目は粗野だが、頭から腹までじっくり焼けている。体が、破裂しそうなほど膨らんでいる。滲み出た脂がジュクジュク吹いている。そのまま、串の横から歯を立てていってもいいが、頭からいきたいなら、串をねじって抜き、焼きたての熱いやつを、恵方巻きでも食うように頭からがぶりと齧りつく。

煮えたぎった脂が、口の中に溢れ出す。舌を火傷しそうになって、顎をハフハフさせながら噛みしだく。頭の硬い骨も、火が通っているから噛み砕ける。噛むほどに、鮎特有の淡白な味に、骨と脂の濃密な旨味と腹ワタの苦味が絡み合って、豊潤な味に引き立てる。

とくに、五味のうちで、苦味を嗜好に取り込むことができる繊細な舌こそ、日本人特有なものだ。日本人の細やかな情緒性も、そこから育まれる。世の親たちは、子どもに鮎の腹ワタを食べさせて、苦味の分かる一人前の大人に育てなければならない。

鮎の塩焼きは美味しい。だが、他にも料理法がいろいろある。田楽、背ごし、鮎寿司、干物、汁椀、唐揚げ、天ぷら、炊き込みご飯も美味しい。鮎は、身が淡白なのでどんな料理にも合う。鮎の腸の塩辛をウルカといって珍重する。

田楽は、鮎に串を打って素焼きにする。焼き上がったら、甘味のある赤味噌を塗って炙り、仕上げに胡麻を振りかける。手間はかからないが、素焼きのときにじっくり焼いておくと丸ごと食べられる。田楽だから、串に齧りついた方が風情がある。

背ごしは、鮎を薄い塩水で洗って体表のヌメリを取り、包丁でウロコをこそぎ落とす。背ビレや胸ビレを取り、頭と内臓をはずして、水洗いをして水気を拭いておく。そのあと、頭側から包丁で二、三ミリの小口切りにし、酢と酒を三対一に、少量の塩を合わせた中でサッと洗う。それを器に盛り付け、蓼酢をかける。

本格的に蓼酢を作るには、ちょっと手間がかかる。蓼酢は、アオタデの葉を擂《す》り鉢でよく擂り潰す。さわやかな香りが立つ。少量の塩を加えると味に芯ができて風味が増す。ご飯粒を少し入れ、滑らかになるまで擂るとトロ味が出る。そのあと、好みの味になるまで酢を足すと出来上がる。ご飯粒を入れるのは、粘りが出ると同時に、蓼と酢の分離を防ぐ役をする。料亭などでは、さらに裏漉《うらご》しする。そこに、少量の味噌を加えると蓼酢味噌になる。薬味に、ミョウガを薄く切って添える。

蓼酢のまろやかな香りと酸味が、川魚の生臭さを消し、小口切りにした鮎の身が酢で締められてプリプリしている。コツコツと骨が歯に当たる。噛むうちに、キメ細かい身に薄っすらと脂がまとわりついて、繊細な味わいが広がってくる。塩焼きとはまた違う、火で調理をしていない鮎本来の味がする。捕りたての新鮮な鮎でしか味わえない味だ。

蓼酢は、鮎の塩焼きには欠かせない。その一方で「蓼食う虫も好き好き」または「蓼食う虫、苦きを知らず」などという諺がある。これは、蓼の葉には辛味があり、たいていの動物はよけて通るが、タデハムシや、シロシタヨトウの幼虫など、数少ない虫だけが好んで食べる。そこから、人の好みはさまざまだという喩《たと》えに使われる。さらに、蓼は鮎との相性は、仲を割けないほどに強い。蓼酢は、つましやかに脇に回って、主役の鮎を引き立てる。それだけで十分に意味がある。

鮎料理は、初夏の短い間にしか味わえない。毎年、その季節を待ちわび、行く季節を惜しみながら、しみじみと味わうことの尊さを、小さな鮎が教えている。鮎の淡白でふくよかな味に、蓼酢のさわやかな辛味が後味に残る。

【鮎の民俗学的考察と独断的私見】

鮎という字は、魚偏に、占いと書く。その起源は、『日本書紀』によれば、神功皇后が三韓出兵の前夜に、戦運を占った魚だからと説明している。神功皇后は、肥前松浦《まつうら》の川で、縫い針を曲げて釣り針を作り、衣装の糸を引き抜いて釣り糸とし、飯粒を餌にして川に投じて、神に念じると、細鱗魚（鮎）が釣れた。以後、松浦では女が鮎を釣るようになったという。

また、『日本書紀』には、神武天皇が吉野の丹生川で魚を捕り、魚が木の葉のように酔って浮いてきたら国を平定できるという占いをしたといわれているが、丹生川一帯は、古代から丹《に》＝水銀が産出する土地で、水銀中毒の影響を匂わせている。

水銀は、不老不死の霊薬であると同時に、遺体の防腐剤、朱の原料、あるいはアマルガム法による仏像や大仏などの金メッキの触媒として重要で、古くは金より高価だったが、水銀中毒という負の部分も合わせ持っていた。空海が吉野の高野山を聖地にした背景にも水銀が絡んでいる。空海自身の入滅にも水銀が深く関わっているといわれている。

伊勢、吉野と鮎の縁《えにし》は深く、応神天皇が吉野へ行幸した際に鮎が献上された話や、出家して吉野に隠棲した大海人皇子（のちの天武天皇）の境遇を鮎にたとえた謡も伝わっている。また、伊勢神宮では、宮川上流にある「お鉢」と呼ばれる淵に鮎を投げ入れて、その年の鮎漁と農作物の豊凶を占うなど、鮎捕りの神事が行われ、菖蒲《しょうぶ》の御饌《みけ》に「鮎饗」として供える。

また、鮎は妊婦が食べてはいけないという俗信もある。鮎と鶏卵の食い合わせが悪いともいう。その一方で鮎を食べると、腹下しや腹痛に効ありともいわれ、「下す＝流産」の連想によるものだった。

鮎は、独特の香りがあることから「香魚」の名があるが、春に川を遡り、秋に下流に下る一年魚であることから「年魚」とも呼ばれる。また愛知県は「年魚地《あゆち》」に由来するといわれる。愛知は、伊勢湾に面して木曽川、庄内川、長良川が注ぎ、鮎がたくさん捕れた土地だった。

アユの語源は「あゆる」で、あゆるは「落つる」の古語とされ、昔は、秋に下る〝落ち鮎〟のイメージが強かったのかもしれない。美しく、はかない命に寄せる日本独特の情緒性が投影されている。そのせいか鮎の漁は、春の登り鮎よりも、夏から秋の棲みつきの鮎や落ち鮎に集中している。

春に群れを作って遡上する「登り鮎」は、虫を捕食する動物食で、上流に居着くと、水苔を常食する〝縄張り鮎〟に変わる。群れで遡上するのは、成長過程にある弱い個体の集団的防衛本能で、餌場を独占しようとする居つきの縄張り鮎は、強い種を残すための淘汰と維持本能の戦いでもある。種の維持の裏には壮絶な戦いがある。小さき生き物は、それぞれが生命を宿す個体でありながら、大きな種としての生命の単位に組み込まれている。一尾の鮎を食すときに、その生命の強さと、はかなさを胸に刻まなければならない。

秋になって産卵が近づくと、体が黒ずんで腹部が赤くなる。体色が錆色《さび》になることから「錆鮎」という。秋の鮎の様子を「枯《さ》ぶる」といったことが語源だという説もある。因みに、錆色になるのは、産卵をひかえたメス鮎で、オス鮎は体表に〝追い星〟と呼ばれる小さな突起が表れ、手で触るとザラザラする。

また、琵琶湖の鮎は陸封型で、大きさは十センチを超えないといわれる。湖に十分な栄養分がないからで、明治四十二年に、琵琶湖の小鮎に餌を豊富に与えたところ、養魚池で三十センチほどに育った。その後、大正時代に、琵琶湖の小鮎を東京の多摩川に移植し、そこから全国各地に移植されるようになった

そうした先人たちの情熱とたゆまぬ努力によって、鮎が日本の初夏を演出する魚として親しまれ、その香り高く清楚な味が暮らしの中に深く根ざしていった。

鰍

真冬の、厳寒の山沢に鰍《かじか》を捕りにいく。何も寒い冬に出かけなくても、鰍はほかの季節でも捕れる。夏の暑い盛りに、冷たい川の水や川風に涼みながら捕ることもできる。だが、冬の鰍は脂が乗って、格別美味《うま》い。

しかし、厳密にいえば、上流域の川や渓谷にいる鰍と、中流から下流域にいる鰍とは、根本的な違いがある。通常、上流のきれいな水域を好み、一生を淡水で過ごす河川陸封型の鰍を「大卵型」といい、一方、卵を淡水で産み、孵化すると海に下り、河口付近で成長してから再び遡上してくる回遊型の鰍を「小卵型」といって区別する。

ならば、流れも凍りつくような真冬の川底にじっと潜んでいる鰍の方が、脂を蓄えて丸々と肥えていて美味いはずである。食べて美味いものなら、凍てつく寒さなど気にしない。

と、強がりを言ってみたものの、真冬の渓谷の寒さは尋常ではない。頭上の狭い空は、鉛色の重い雲に覆われ、両岸の岩や草木は、山姥《やまんば》の吐く息で凍りついて、触るとバリバリと砕け散ってしまう。

沢の水は、白い流動物のように盛り上がって、岩を舐《ねぶ》って流れくだっていく。流れの緩い淵は、薄い氷が張っている。薄氷の複雑な文様は、夜間に山から吹き降ろした風が刻印していったものだ。

こういう、およそ暖気を感じさせるものが一切ない真冬の沢に、入るのは勇気がいる。足元は、素足に渓流シューズ。覚悟を決めて、エイヤッと気合いを入れて、薄氷を踏み割ると、死人の手のように冷たい水がジワッと浸み込んでくる。

渓流シューズに入った水は、じきに体温で温められて足湯状態になる。しかし、むき出しの足首に水面が当たり、鋭い刃物で切断されたような感覚になる。その冷気が、足首から脛《すね》へ、太腿《ふともも》から股へと這い上がってくる。背筋から首筋に抜けると、大きな身震いが起きる。

だが、ここで一度弱気の虫を起こして陸に逃げてしまうと、もう二度と沢に入る気が起きない。沢に浸ったまま、丹田に意識を集中し、肩の力を抜いて体を弛緩させると、いくらか寒さが和らいでくる。

寒さに少し馴《な》れたところで、ゆっくり沢を歩く。静かに流れを読む。淵の澱《よど》みや、流れの緩い岸辺は氷は張っているが、真ん中あたりはサラサラと流れて川底が見える。その川石を睨《にら》む。

鰍は、川底の石の下や隙間に潜んでいる。とくに冬の間は、流れの影響を受けない浅瀬の石の下に潜って、半冬眠状態でジッとしている。川には大小さまざまな形態の石が転がっているが、その中から鰍がいそうな石を探す。

まず、下の方が大きくて、川底に埋まっているような石は避ける。水面に出ている部分が大

厳寒の川に浸って鰍を追う。この時期の鰍は脂が乗って丸々と太っている

きくても、下が川底から浮いて隙間がある石や、流れで川砂が抉《えぐ》られて窪みができている石が狙い目。また鰍は、流れを避けて、石の下流側の隙間に潜っていることが多いので、流れが下側で巻いて、砂がサラサラと動いていたり、落ち葉が溜《た》まっている石は確率が高い。

これだ、と狙いを定めたら腰を決めて、両手で静かに石を持ち上げる。乱暴に石を剥がすと鰍が驚いて逃げてしまう。また、不安定な格好で重い石を持ち上げると、ぎっくり腰になる恐れがある。

石を剥がすと、そこにドッと水が流れ込む。溜まっていた砂や枯葉が渦を巻いて流れる。水が濁り、撹拌された水の縞模様が目を惑わすが、水はすぐに澄んでくる。その間、動かずにジッと目を凝らしていると、石に擬態した鰍がいる。初心者は、そこにいるといわれても見つけるのに時間がかかるが、馴れると瞬時に分かる。

動きが鈍いこの時期の鰍は、石化けの術がすでに看過されているのも知らず、逃げる気配がない。そこを、慌てず騒がず、そっと手を水の中に入れて、素早く摑む。ヌルッとした冷たい感触がある。

そのとき突然、鰍が暴れ出す。摑み方が悪いと、手が滑って逃がしてしまう。人差し指と中指の二本で、頭の後ろを押さえ、親指と薬指で顎の下を両側から挟むようにして摑む。握り寿しを持つ要領だ。鰍は、背後からがっちり羽交《はが》い締めにされた格好で身動きができない。鰍は、頭が大きく、顎が張って体形がずんぐりしている。口が大きく、目がギョロッとして、太々しい顔相をしているが、どこか愛嬌がある。体表が粘液質でヌルッとしている。体色は黄色味を帯びて、暗褐色の瘡《かさ》のような斑模様がある。

鰍は、カサゴ目カジカ科の淡水魚で、全国の河川に分布している。石がゴロゴロしている川底を好み、普段は水中昆虫や甲殻類、小魚などを捕食している。地方によって、ゴリ、カワオコゼ、イシブシ、ドンコ、アブラコなどと呼ばれる。

カジカの語源は、痘痕《あばた》を表す〝カシ〟からきているという説と、川で鹿のように鳴く〝河鹿《かじか》〟に由来するという説がある。しかし、川で鳴くのは「カジカガエル」で、種が異なる。関西以南では一般的に「ゴリ」と呼ばれる。この魚が、五里（約二十キロ）の距離を移動するという説や、川底の石をゴリゴリさせるからなどの説がある。

カワオコゼは、鰍がオコゼに似ていることからの命名。オコゼは顔相醜悪な魚で、山村の習俗として山の神に供えられる。山の神は一般に女神とされ、面相は二目と見られない醜女だといわれている。美しい女人に激しく嫉妬する。逆に、自分より醜いと喜ぶ。そのため、猟師や、山仕事をする男衆は、山入りを前に祠《ほこら》にオコゼを供えて、ご機嫌をとり結び、作業の安全を祈った。

だが、醜女といわれる山の神は、慈愛に満ちた美しい母の顔を持っている。山の神は、畏敬を持って崇めればまことに機嫌よく、ありあまる慈悲と恩恵をもたらすが、逆に侮って無下な扱いにおよぶと、その怨念の恐ろしさはすさまじく、ひとたび荒れたら手がつけられない。まさに二心ある女の本性。その落差の激しさは、世の男は骨身に染みている。

また、山の神は女神なるがゆえに、醜いオコゼや男根を見て喜ぶとされる。古くは、山の神の祠に、オコゼのほかに木彫りの男根を供える風習があった。猟師は、猟に恵まれないときに、自分の陽物を出して見せるといわれている。

オコゼは、男根の象徴でもあったが、海から遠い山国では、オコゼに似た鰍が代用された。そうした一見卑猥な、性的連想の奥には、自然界の陰陽の交わりによって豊穣を願う、素朴な信仰観念が息づいている。鰍の仲間に、ヤマノカミという魚もいる。

シンシンと冷える山峡の沢を、鰍を追いながら歩く。川底の石を剥がして捕った鰍を腰の袋に入れ、また別の石を持ち上げる。大きい鰍が一匹でいたり、小ぶりの鰍が二匹体を寄せ合っていることもある。驚かさないように静かに摑む。冬場の鰍は、場を荒らさなければ逃げないでジッとしている。

かりに摑みそこねて逃がしたら、潜っていた石を覚えておいて、間をおいて捕る。また、逃がしたら逃がしたで諦める。それで乱獲を防ぐ手立てになる。いじった石は、必ず元に戻しておく。できる限り人跡を残さず、元の状態に修復しておくのが、自然遊びの鉄則である。また、荒らした川を復元しておけば、次の機会にまた同じ石で鰍が捕れる。自然保護と、次の収穫を確保する知恵と打算は、しばしば共通の利害で一致する。

しばらく厳寒の沢に浸かって鰍を捕っていると、体が凍えてくる。体を折っているので、腰が痛くなる。沢の水が冷たくて、手の感覚がなくなる。ときどき背伸びをし、冷え切って硬直した手を、股ぐらに突っ込んで自分の睾丸《ふぐり》を握りしめる。感覚がなくなった指が、体温でじんわり温かくなり、むず痒《がゆ》いような感覚が戻ってくる。こんな光景を他人が見ていたら、新手の金冷法か何かと誤解されるかもしれない。

だが、やがて限界がくる。体が芯から冷え切って、歯の根が合わなくなる。唇が紫色になって、悲壮感さえ漂ってくる。ついに我慢できず、岸に駆け上がる。急いで渓流シューズを脱ぎ、濡れた足を拭いて厚い靴下を履いて、防寒靴に足を突っ込む。かじかんだ手を摩擦する。少しずつ体温が戻ってくる。どうにか人心地がつくと、もう漁を再開する気にはならない。

しかし、多大な犠牲をはらっても、冬の鰍にこだわるのは、やはり食べて美味いからにほかならない。一度、この時期の鰍を食べると、病み付きになって忘れられなくなる。そうした〝通人〟が各地にいて、冬をひたすら待ちわびている。

新潟にも、冬の鰍に取り憑かれている男がいる。彼は、越後川口の住人で、越後の厳寒の冬に、魚野川に出て鰍捕りをしている。雪を被った越後三山を背景にして広い川に佇《たたず》む姿は、冬の風物詩にもなっている。漁には、大抵気のおけない相棒と二人で出かけ、二、三時間で数十匹から百匹余も捕る。

最初は、捕るのが面白い道楽の漁が、たくさん捕れるようになって余業が本格的な商売になってきた。家にはドラム缶を加工したカマドがあり、捕った鰍を串で焼いて卸している。川から帰るとすぐにカマドに大量の炭を熾《おこ》し、長い串に鰍を十数匹連刺しにして、炭火をグルリと囲んで焼く。付きっきりで、こまめに串を回しながら、丹念に焼き上げる。少しでも水分が残っていると、生臭みの原因になるので、焦がさず、カラカラになるまで焼く。数日かかることもある。焼きあがった鰍は、いかつい顔相そのままに、体表が脂で黒光りして、精悍な趣がある。

鰍の焼き干しは、主に骨酒用で、酒好きには垂涎《すいぜん》の逸品で、地元の料理店や居酒屋でも結構な値段がついている。串焼きをそのまま食べたり、唐揚げにもする。いいダシが出るので、鰍汁や卵とじなどにすると一層美味い。鰍の骨酒や鰍汁は、雪国の冬の隠れた郷土食にもなっている。業者から引き合いがあって、十分商売になっているようである。

彼らの鰍捕りは、小型の四つ手網を使う。胸まである胴長靴を着込み、四つ手網とシャベルを手にして川に入る。

鰍が潜んでいる石を洞察することが肝心で、目星をつけた石の下流側に四つ手網を構え、片手に持ったシャベルで川底の石を剥がすと、鰍が網に入る。シャベルをテコに使って重い石を動かすのがコツで、シャベルの皿が広いと水の抵抗で安定しないので、シャベルの両端を切断して細くしてある。

彼らの漁に同行させてもらったとき、普通のシャベルを使ったので、意外に早い水流に翻弄されて悪戦苦闘させられた。それでも、何とかコツをつかんで、一匹二匹と捕れるようになる頃には、彼らの魚籠は鰍で一杯になっていた。

魚野川中流域の川は、川幅が広く、流れもあるので、源流域の沢のように凍ることはないが、真冬の川は吹きっ晒《さら》しで底冷えがする。川の水も冷たい。じっとしていると、寒さが身に染みてくるが、鰍捕りに熱中して川を歩き回り、重い石と格闘していると体が汗ばんでくる。時間の経過を忘れ、腰の痛さと腕の筋肉痛で我に帰ると、出発点からだいぶ遠くまで来ていることに気づく。腰の魚籠にほどほどの成果があれば、十分達成感を味わえる。

鰍捕りには四つ手網があると便利だが、上流の山村では、竹でブッテという漁具を手作りして使った。材料は、一・二、三メートルの竹があれば作れる。竹細工ができることが条件だ。竹を三ミリほどの太さに割り、丈夫で弾力のある皮の部分と、内身の部分を割り裂いて、七、八十本の割り竹を作る。それを、細ひもで何ヶ所か互い違いに通して簾《す》に編む。

その簾の中心の数本を束ねて、細竹の柄の下端に開けた穴に通して固定し、その両側から簾の竹を一本ずつ交互に柄にかけていく。その部分がどんどん重なっていって、簾の一方が立体になっていく。すべてかけ終わったら、簾の一方の両端にひもをつけて、引き絞るようにして柄の先端に結わくと、簾に編んだ塵取《ちりと》り状の道具が出来上がる。

ブッテの使い方は、四つ手網と同じで、鰍が潜んでいそうな石の下流側に構えておいて、石を剥がす。流れとともに鰍が入ったら引き上げると、水は竹の編み目から抜けて、ブッテの中に鰍が残る。

かつての山村の暮らしは不便で、大抵のものは買わずに自分で作った。子どもでも十二、三歳にもなれば竹細工ができた。鰍捕りに行くときは、川原でブッテを作ってから出かけた。鰍捕りは、山の子らの遊びでもあった。また、捕って帰れば美味しい鰍汁が食べられる。

夏場や秋は、自転車のスポークで作ったヤスで突いて捕った。箱メガネで覗いたり、水中メガネをつけて、水遊び気分で捕れる。短い竿で釣ることもできる。鰍は、一月から四月の産卵期から夏場まで、食欲旺盛なので、川虫の餌に食いついてくる。

淵の深い所では、川底の石を浅瀬にガンガン投げ入れて積み上げる。そうすると、住処を追われた鰍が慌てて石積みの方に逃げ込む。そこで周囲を網で囲み、石をどかしていって一網打尽にする。タモ網や笊《ざる》でも捕れる。四国では、家族連れで鰍捕りをしている光景をよく目にする。

川でたっぷり遊んだら、美味しい鰍の料理が待っている。大勢で食べるなら鰍汁がいい。鰍汁は、北海道では「ナベコワシ」などという。この汁があまりにも美味で、鍋の底を叩くようにしてむさぼり食うのが名前の由来になっている。因《ちな》みに、北海道のナベコワシには港近くで捕れる大型の鰍が使われる。

一般的な鰍汁は、まず鰍を水洗いしたあと、笊に並べて軽く塩を振っておく。これで臭みが消える。焼き干しにした鰍があれば、生臭みがなく、濃いダシが出る。

水を張った鍋に鰍を入れて火にかける。酒を加えて、じっくり煮てダシを取る。湯が沸騰してくるに従ってダシが出て薄茶色に変わってくる。アクが出たらこまめに掬う。

具の野菜は、あり合わせの大根、人参、玉ねぎ。ジャガイモ、ネギ、豆腐等々。白菜やゴボウを入れる人もある。鰍の肝と一緒に煮込む。味は味噌に塩少々。味噌は好みだが、少し甘みのある白味噌の方が合うように思う。だが、味のベースはあくまでも鰍から出るダシと、肝の濃厚な味。脂も意外にあっさりした上品な味で、何杯でもお代わりする。食い意地の張った仲間が数人いると、本当に鍋を壊しそうになる。冬でも体がポカポカして、額に汗が浮く。

鰍の卵とじは、浅い土鍋に素焼きにした鰍を数匹入れて、水から煮立てる。ダシが十分出たら、刻んだゴボウやネギを入れる。薄口醤油で味を調えて、最後に溶き卵を流し入れる。熱々をそのまま食べても美味《おい》しく、酒の肴にもなるが、ご飯にのせて卵とじ丼にして食べると、美味しくて食が進む。

川に棲む小型の鰍の唐揚げは、一匹丸ごと衣をまぶし、あまり油の温度を上げずに、ゆっくりと揚げる。衣をまとい、油で揚げられた鰍は、いよいよオコゼに似て奇怪醜悪な姿を表すが、味はいい。硬い頭や骨も柔らかくなり、丸ごと食べられる。歯触りがよく、噛むほどに旨味が滲み出てくる。

酒飲みが垂涎するのが、鰍の骨酒。鰍は旨味が濃く、脂に生臭みがないので、骨酒にすると岩魚や山女より美味しい。一度でも食すと、その違いが分かり、もう病み付きになる。

だが、本当に美味い鰍の骨酒を味わうためには、厳密な約束事がある。まず、鰍は炭火でじっくり焼いたあと、熱で十分に乾かして、完全に水分を取り除いておく。わずかな水分でも生臭みの元になる。酒は熱燗に沸かす。銘柄にはこだわらないが、純米酒や吟醸酒は沸かすと甘くなるので避ける。醸造用のアルコールが入った辛口の安酒でいい。熱燗にすると、少しアルコールが飛んで、まろやかな、飲み頃の味になる。器は厚みのある大きめの湯呑みがいいが、ガラスのコップでもいい。熱湯を注いで温めておく。

鰍の焼き干しも直前に再度、火を入れておく。つまり、鰍も、酒も、器も十分に温めておくことがコツで、三つのうちでどれか一つでも冷たいままだと、真の美味さは味わえない。

熱い器に、熱い鰍を入れて、熱燗の酒を注ぎ入れる。鰍が酒を吸って、ジュワジュワと音を立てる。少し待つと、鰍のダシが溶け出して、澄んだ薄茶色に変わってくる。そろそろ飲み頃で、熱い器を指先で持って酒を啜《すす》り込む。口中に旨味が広がり、喉から胃を熱くする。酒飲みの目尻が下がる。

鰍の焼き干しは、器に一匹で十分。欲張って何匹も入れると、味が出すぎて逆に不味《まず》くなってしまう。また、一匹でチビチビ飲っていると味が濃くなるので、好みの味で飲み干し、新しく熱燗の酒を注ぎ足す。通常、鰍一匹で三、四合の酒が飲める。少し度を過ごしても、熱燗でアルコール分が飛んでいるせいか悪酔いしない。

鰍料理や骨酒は、秋から冬の何よりの楽しみである。店で食すのもいいが、自分で川に入って鰍を捕り、それを料理して食べると、なお美味しい。冬の川の情景や、水の冷たさ、素手で鰍を掴んだ感触などが脳裏に蘇《よみがえ》って隠し味になる。山の神のご機嫌を損ねなかったご褒美に感謝して、謹んで鰍をいただく。

【鰍の民俗学的考察と独断的私見】

鰍は、カサゴ目カジカ科、約七十属三百種の総称、またはその一種。主に北半球に棲む底魚である。外国でも、鱗《うろこ》がない魚、雄牛の頭、頭の大きな魚、石の下、白い額など、身体的特徴が名の由来になっている。イギリスには「粉屋の親指」という俗称もあるらしい。粉屋は、親指で雑穀を潰して品質を見るので、肥大していて鰍の頭に似ているからだという。

カジカの種は世界各地に分布しているが、日本では淡水性の鰍を指し、日本の固有種として他と区別している。

炭の強火の遠火でじっくり焼く。完全に水分を抜くのがコツ

鰍の漢字は、秋が旬の魚の意。ほかに杜父魚、石伏魚などの表記が見られる。石礫質《せきれき》の川底を好み、春先に比較的流れが緩やかなトロ場などで産卵する。陸封型と回遊型とがある。体色は一般に褐色系だが、地域や環境によって黄色味が強いものや斑模様がはっきりしたりの差異がある。大きさは上流域、中流域で違いがあるが、オスの方がひと回り大きい。

鰍は、姿態はグロテスクだが、古くから馴染みが深く、各地で食べられてきた。江戸時代には、鰍を竹串に刺して干したものが仙台の名物だった。また京都では、鰍を白味噌仕立ての汁にして売る店があったという。鰍を竹の子、白瓜と煮た越川汁もあった。北海道では、海で捕れる大型の鰍をナベコワシといって、厳冬の頃に味噌汁にして食べた。

鰍は、頭が大きく、骨や顎が硬くて肉が少ないので、主に焼いてダシを取って料理や骨酒にする。

秋から冬に捕って、焼き干しにして長期保存して一年中使う。昔の家では、囲炉裏の火の周りに鰍の串を突き立てて焼いた。強い炭火でじっくり焼き、焼きあがったら、火棚に下げたベンケイに串を刺して、じっくり乾燥させた。

ベンケイは、藁《わら》を団子状や筒型に束ねたもので、魚や肉を刺して干物や燻製を作る道具で、串をブスブス刺した状態が、武蔵坊弁慶の立ち往生を連想させることからその名がある。鰍の素焼きは、臭みや腐敗を防ぐために、完全に水分を抜いてカラカラに焼き上げる。出来上がったら、和紙などに包んで、湿気がこないところで保存する。半年や一年は風味を損なわずに保存できる。不便な山村の暮らしでは、鰹節や昆布は手に入らなかったため、捕った鰍を焼き干しにして保存して日々の料理に使った。川に棲む鰍は、人々にとって大切な食糧であり、貴重な蛋白源でもあった。さまざまな自然の恵みを与えてくれる山の神への信仰も根強く受け継がれている。

いまでも山を歩くと、山道の傍らに山の神の祠がある。山の猟師や、森林の造林や伐採などの山仕事をする人たちが、祠を拝《おが》んで山入りをする。ワンカップの酒や、鰍が供えてあったりする。木彫りの男根が祀られていることもあった。

鰍や木彫りの男根を祀るのは猟師で、山での殺生の許しを乞う。山の神に願をかけないと、一匹の獲物も獲れないという。思わぬ怪我をすることもある。山には、迷信と片付けられない不思議がある。

山の動植物のすべては山の神の所有物で、無闇に荒らすと、天罰が下る。とくに毎月十七日は山の神の日とされ、村人も同様に、山に入らず、細木一本切ってはならない不文律がある。杣《そま》が木を伐採する際に、切り株にトゲを残すと、山の神が座ってオベッチョを怪我するといって戒める。二股になった木や、二本の木が途中で一緒になったメガネ木など、形が普通ではない木は山の神の木とされ、伐《き》らない。

また、山にはそこだけきれいに掃き清めたように落ち葉一枚落ちていない場所があり、山の神の遊び場とされる。そこで小便をするなど不浄な行いをすると祟りが起こるといわれる。実際に私自身、山で突然、体が動かせなくなって、救急ヘリで運ばれる現場に遭遇したことがある。それらはすべて、山の神の仕業だと信じられてきた。山の神がひとたび怒ると、その天罰は情け容赦がない。

山の神は男神とする地域もあるが、一般的には女神で、母に似た深い慈愛と、激しい憎悪の二面性を合わせ持つ。山の神が鮲を好むのは、鮲の風体が男根の連想に繋がるからにほかならない。だが、鮲は単に山の神の供物というより、山の麓の川で愚かな人間の所業をジッと監視している見張り番のような気がする。あの、ふてぶてしい面構えは、山の神の眷属《けんぞく》としての威厳を十分に漂わせている。

人為が及ばない山界にあっては、そういう不思議も信じられる。また、人間中心の価値観が自然を侵食していく昨今には、そうした山の怪異は、自然に帰属して生きた祖先の素朴な英知として、なくてもあったこととして語り継いでいかなければならない。

山椒魚

春に沢登りをしているときなどに、小滝の落ち口や、浅瀬に小さな黒い影に目が止まると、それが山椒魚《さんしょううお》だったりする。淵などに潜む大山椒魚と違って、主な山椒魚は体が小さくて尾が長い。一見、イモリに似ている。だが、イモリは別名アカハラといい、腹面が赤いのですぐ区別がつく。イモリは割合いよく見かけるのに対して、山椒魚は春先にはしばしば見かけるが、それ以外の季節にはほとんど姿を見ない。産卵の時期になると、水辺に集まってくることは分かっているが、ほかの季節は山に隠れ棲んでいるらしく、その生態は謎の部分が多い。

普通の人間は、山で山椒魚を見つけても、捕ろうという気にはならない。食べてやろうという気はさらに起きない。その姿態は奇っ怪醜悪で、およそ食欲が刺激されない。

だが、地方には、山椒魚捕りを生業とする人たちがいる。昔から、山椒魚を貴重な食糧としてきた山村の暮らしがあった。そこには、あらゆる生命が自然に帰属しているという、普遍の真理が貫かれている。

奥会津、檜枝岐《ひのえまた》は、燧《ひうち》ヶ岳をはじめ、二〇〇〇メートル級の山々の懐深く抱かれた山峡の村。冬には、想像を絶する豪雪に閉ざされて孤立する。平家の落人の隠れ里だったといわれる集落にとって、険しい山や、半年近く外界と隔絶される大雪は、〝天然の要害〟でもあった。

古い時代には、この村には、秋田マタギの流れを汲む猟師が住みついた。雪に阻まれた奥羽山脈を縦走してくる者は、強靭な体力と、特殊技能を持つマタギしかいなかった。彼らは、中央の権力や、平地人の〝常民〟意識から疎外された〝山人〟として、連帯感を共有できる存在でもあった。

檜枝岐の人たちは、山に熊を追い、鹿や羚羊《かもしか》、猪、野兎、バンドリ（むささび）などを捕った。冬の間、男は山に入って簡素な小屋を建て、ブナの原木を伐り出して、杓子《しゃくし》作りをした。家族と別れ、山で力仕事をする男だけが米の飯が食えた。里の女、子ども、年寄りは稗《ひえ》や粟《あわ》を食った。村人は、雪山に立ち登る煙を仰ぎ見て、夫や父の無事を確認した。

山里に暮らす人々にとって、山肌を削る無数の沢に生息する山椒魚は、ありがたい山の恵みだった。

山峡に、まだ雪渓が残る六月始めに、人知れず沢筋を徘徊する男たちがいる。この時期、芽吹きはじめた山菜や、禁が解けた岩魚や山女釣りにも背を向けて、ひたすら山椒魚捕りに熱中する男たち。彼らは、それぞれに他に秘す捕獲地があり、互《たが》いに領域を侵さない暗黙の習わしがあり、麓《ふもと》の道から各自バラバラに自分の漁場に分け入っていく。

男は山峡の沢を単身で遡っていく。菅笠《すげがさ》を目深にかぶり、背にシナ縄を編んだイジッコを負い、足にはスパイク付きの地下足袋《たび》を履いている。遠目には、山畑に置き忘れてきた案山子《かかし》か、峠の笠かけ地蔵のようにも見える。

沢筋は、山の急斜面に荒々しい岩石が重なり合っている。岩の間から雪解け水が吹き出し、いくつもの小滝を作りながら流れ下っていく。男の後を追って、大岩を這い上がり、流れを飛び越えながらついていく。渓流靴のフェルトの靴底に泥や苔《こけ》が詰まって、岩の上に乗ると滑る。汗を拭《ぬぐ》いながら顔を上げると、くだんの男は跳ぶがごとく沢筋を駆け登っていく。男が歩いた大石には、スパイク付き地下足袋が蹴った、熊の爪痕のような傷が刻まれている。

檜枝岐の村はずれ、檜枝岐川が伊南川と名を変えるあたりから本流と分かれ、尾根筋を一つ巻くようにして登ると、深く切れ込んだ山襞《やまひだ》の底を一筋の沢が流れている。麓からは目にすることができない隠し沢のようだ。周囲はブナやホオ、トチ、サワグルミなどの広葉樹に囲まれ、そこそこに雪渓が残る斜面には、瑞々しいワラビやゼンマイ、ウドなどが顔を出し、水辺には野生のワサビやミズ（ウワバミソウ）が群生している。

男は、沢に降り立っている。小滝が水しぶきを撒き散らしている。その水の落ち口に、山椒魚の筌《うけ》が仕掛けてある。山椒魚の筌は、この地方でモジリ、ズー、サンショウウツボと呼ばれる。細いスズダケを、円形の口から胴を捻《ねじ》りながら漏斗《ろうと》状に編み、尻すぼみにして末端を束ねてある。魚を捕る筌と違って、口の部分のカエシがない。筌は自分で手作りする。人によって独特の工夫があるようだ。

モジリを、沢の流れが絞られる水の落ち口に、二股の枝などで固定して仕掛ける。上に向けた口から水が螺旋《らせん》を描くように流れ込み、筌の底に落ちた山椒魚は、その水圧で身動きができない。登ろうとしてもスズダケが滑って登ってこられない。モジリは、一つの沢に多いときは百から二百個を仕掛ける。専門の山椒魚捕りは、こうした〝漁場〟を何ヶ所も持っている。それを、一、二日おきに巡回して山椒魚を集めて回る。

「こまめに見にこないと、落ち葉などのゴミが詰まる。雨が降って水が出るとモジリが流されることもあるから、異変があると夜中でも見に来なきゃならねぇ。結構きつい仕事だな」

男はおどけた仕草で自嘲する。半ば、楽しんでいる風でもある。

モジリの中を覗くと、水に押し潰されるように落ち葉が詰まっている。それを手で取り除いていくと、底の方に、小さな鬼チョロ虫に混じって黒い物体が蠢《うごめ》いている。山椒魚が二尾入っている。

山椒魚は、体長約十五センチ。イモリに似ていて、頭は小さく平たい。口先が尖《とが》り、眼球が突き出て、腹は重く垂れ下がっている。ヌメヌメと黒光りした姿態に、褐色の斑模様がある。体の内側に、退化した嬰児《えいじ》の手足のような四肢がある。キュッキュッと赤子のような声で鳴く。

手で弄《もてあそ》んでいると、スーッと鼻に抜けるような山椒の匂いがする。山椒魚は、陸では動きが遅いために、天敵に対する自衛手段として、皮膚腺から匂いのする粘液を分泌する。その匂いが、山椒の香りに似ていることが名の由来とされる。山椒に因んで「椒魚《はじかみうお》」とも呼ばれる。また、山に生じる魚なので「山生魚」という説もある。いずれにしても、その山椒に似た香りが人間にとって不快ではなかったことが、山椒魚にとっては不運だった。

沢を登りながら、次々にモジリを引き上げていく。山椒魚が五、六尾入っていることもあれば、空振りのこともある。山椒魚の生息域は標高千メートル以上といわれ、標高が上がるにつれて数が多くなる。一つの沢で五百尾近く捕る日もある。いくつもの沢を歩くと、一日に数千尾になることもある。収穫は、毎年ほとんど変わらないという。

山椒魚の漁期は、遅い雪解けの五月初旬から約二ヶ月間と短い。漁期は、山椒魚の産卵期にあたる。天然記念物のオオサンショウウオは、繁殖期に川を遡上する以外は、ほとんど水中を出ない。産卵も水の中で、寒天状の卵のうに包まれた多数の卵を産む。ほかの種類は、春になると水辺に下りてきて、渓流の流れの弱い場所や、水が湧出しているところに産卵する。メスが産卵するとオスが精子を放出し、体外受精によって受精する。卵は、数センチほどの寒天質の卵のうに包まれ、ひと塊に数個から数十個の卵が入っている。

卵から孵《かえ》った幼魚は、水中で川虫などの小動物を食べて成長する。口に入るものは何でも食べることから、しばしば共食いをするといわれる。しばらくすると足が生え、外鰓《えら》が消えて変態し、成魚になる。

山椒魚は、繁殖期以外は、あまり人目に触れない。普段は陸上生活をしていて、森林の落ち葉の下や、ネズミやモグラが掘った穴の中などに潜んでいるといわれている。また、竹笹の中に山椒魚の卵を発見したという報告があり、山椒魚は、ベトベトした体に付着した木の葉や土砂を洗い落とすために水に入るという説もあって、その生態はいまだ神秘的で、謎が多い。

「どっちにしても、山椒魚は春先の産卵期には沢に下りてくる。一本の沢の上流から下流までモジリを仕掛けて、どれにも入るから、沢筋のどこかから集まってくるんじゃないかな」

また、季節の早い頃にはオスが多く、徐々にオスとメスが混ざり合い、終わり頃はメスばかりになるといい、これも不可解な謎の一つだ。

捕った山椒魚は腰の袋に入れ、モジリを沢に戻す。その作業を繰り返しながら沢を遡っていく。上流に上がるにつれて、ミズの群生地から野生のワサビ田へと植生が変化してくる。ミズは万能の山菜で、おひたしや汁の実、根を叩いてミズトロロにして食べると美味しい。ワサビは、根から葉までピリッとした辛味があり、葉に熱湯をかけてしばらく密封すると独特の辛味と風味が増して美味しい。

斜面の勾配が一層きつくなり、やがて山峡が開けて明るくなってくる。尾根が間近にせまってきて、ようやく源流にたどり着く。源流部は、細い沢の水が山姥の白髪のように幾筋にも分かれて、広い湿地帯になっている。一息つく間もなく、男が最後のモジリを揚げる。底の奥に小ぶりの山椒魚が二尾入っている。

「この沢もそろそろ終わりだな」

男がポツリとつぶやく。山椒魚の数が少なくなってきたら、無理には捕らない。沢の見切りをつけるのも漁師の大事な仕事だ。漁が減った沢は、以後しばらく放置して、山椒魚が増えてくるのを待つ。山椒魚は繁殖力が強いので、生息環境を守っていれば数年で復活する。

一日の漁を終えて、ずっしり重い袋を担いで下山する。

「帰ったら、山椒魚をたっぷり食わしてやるで。精がつくが知らねぇぞい！」

男がいたずらっぽい顔で言う。山椒魚は、昔から強壮剤や胃腸、肺病、腹痛、冷え性、痰、喘息、疲労回復、疳の虫、夜尿症の妙薬として珍重されてきた。子どもの疳の虫には、男の子にはオス、女の子にはメスの山椒魚を食べさせると効き目が増すといった。また、酒に漬け込んだものを扁桃腺の湿布薬に使った。

信越国境の秘境、秋山郷では、山椒魚を障子に張り付けて乾燥させたあと黒焼きにしたというが、檜枝岐では、主に燻製にして保存食にした。

ものの本によれば、江戸時代初期には、いまは天然記念物に指定されているオオサンショウウオを含めて、食用にしたといわれる。食通で知られる北大路魯山人も、山椒魚について、「肉が硬いが、長時間煮込むと柔らかくなり、味はスッポンの肉の臭みを除いたようなもので、非常に美味」と称賛している。

山椒魚を捕る漁師の家には、専用の燻製小屋がある。山から帰ると、捕ってきた山椒魚を塩水に浸けて息の根を止める。塩水で洗うと、体表のヌメリが取れ、干してからも身が柔らかい。これを二十尾ずつ串に刺し、タワシできれいに洗って燻製小屋に吊るす。

頭に串を通され、一尾ずつ間隔をあけて吊るされた山椒魚が、濛々《もうもう》たる煙で燻《いぶ》されると、とっくに死んだはずの山椒魚が、生きているように身をよじって、隣の山椒魚と絡み合う。執念にも似た生命力を感じる。

「山椒魚は死なねぇぞ。捕ってきたのを冷蔵庫に何日入れておいても死なない。燻製に燻しても、まだ生きているように絡みつく。だから精がつくんだ!」

その脅威的な生命力は昔から知られ、体を半分に裂いても生きていることから「ハンザキ

（半裂）」の異名がある。体を裂いて、片半分を川に放すと、再生して元の姿に戻ると信じられてきた。

また、体表の斑模様が、花柄のように見えることから「花咲き」が「ハンザキ」に変化したという説もある。

煙で燻してカラカラに干し上げた山椒魚は、骨張った体を棒状に硬直させている。矮小《わいしょう》した四肢が恨めしそうに空を摑《つか》んでいる。焼きすぎて炭化してしまった爬虫類のようで、およそ食欲をそそられない。だが、一部の好事家や、病気上がりの人たちには喉から手が出るほど欲しい食品であるから、粗略には扱えない。

燻製は、ヨモギなどの青草に包み、少量の水で湿らせておくと、発酵した熱で身が柔らかくなるという。檜枝岐では、燻製を串から抜いて、二十尾束ねて売られる。その際は、メス十尾を内側にして、オス十尾を外から包むようにして尾を束ねる決まりになっている。

「なんでかは分からないが、昔からそうしている。メスをオスに抱かせた方が性が強いからかもしれねえの」

食べるときは、一度火で炙って、柔らかくなったところを頭から齧りつく。頭の骨は硬くて、弾力があるが、噛んでいるうちに柔らかくなり、香ばしさが広がってくる。口の中に粘りつくような食感とともに、燻製特有の匂いに混じって、山椒の香りが鼻に抜ける。生臭さは、気にならないが、かすかな苦味が舌に残る。

古い文献には、生きたまま踊り食いにするという記述もあるが、鵜呑みにするのにはちょっと勇気がいる。凍らせても、燻製にしても死なないといわれる山椒魚を飲み込んだら、腹の中を水中の岩屋と間違えて棲みついてしまわないか不安になる。

山椒魚の燻製や黒焼きは、正直のところ、美味いとも不味いともいえない。あの奇っ怪な見た目で、二の足を踏んでしまうかもしれない。だが、料理法によっていろんな味が楽しめる。

もっとも美味しいのは「山椒魚の鍋」で、生の山椒魚を塩で揉んで体表のヌメリを取り、水洗いしてから、鍋でじっくり煮る。酒、生姜を入れて、長時間煮ると、肉も骨も柔らかくなり、上品な旨味が出る。皮がゼラチン質で美味い。

唐揚げ、塩焼き、天ぷらにもできる。田楽風に味噌ダレを塗ってじっくりと焼く料理法もある。唐揚げは、低い温度の油でゆっくり揚げると頭の骨も柔らかくなり、香ばしくて美味しい。天ぷらは、衣をつけて揚げると食べやすい食感になる。酒の肴、ご飯にも合う。甘めの味噌を塗って火に炙ると食べやすく、ぐっと美味さが増す。

かつて、山の人たちは、深山での山仕事のときなどに、合間を見計らって沢に下りて岩魚や山女を捕ったが、山椒魚を見つけると捕ってきた。岩魚や山女は、焼けばすぐ食べられる。山椒魚は、仕事の間も火のそばに串を立ててじっくり焼いた。

山仕事では、森林は夏でも冷えるので、必ず焚き火をした。焚き火の火は、仕事をしている間も、火を抑えながら絶やさない。焚き火は、弁当のときのお湯を沸かしたり、飯を温めたりするが、魚が捕れれば、串に刺して焼いておかずにした。山仕事は朝が早いので、昼食は、十時と二時の二回食べる。

昔は、一升の飯をメンパ（曲げ輪の器）に詰めて持っていった。容器と蓋の両方にギュウギュウに詰めると、箸を刺してそのまま持ち上げられた。午前中の食事はメンパの蓋の飯を食べ、午後は、その空いた蓋を容器にして味噌汁を作った。

メンパの蓋に水を入れて味噌を溶き、具に採ってきた山菜を入れる。そこに焚き火から拾い出した焼き石を入れると、間欠泉のように一気に沸騰する。一瞬に煮立てた汁は美味しい。岩魚や山女の素焼きがあれば、比類なき山のご馳走になる。山椒魚も入れたが、煮る時間が短いと、骨が固いが、汁はダシが出て美味しい。

串焼きにした山椒魚を、そのまま齧りついた。固い頭も骨も、獣のように丈夫な歯と顎で噛みしだいて食べた。仄《ほの》かな山椒の香りが鼻に抜けて美味かった。とくに、ゼラチン質の皮が美味いといった。体の底から力がフツフツと漲《みなぎ》ってくるような気がした。

産卵のときしか姿を見せず、生態が謎のままの山椒魚は、山の人たちにとって、食べ物を超えた神秘の霊薬でもあった。

【山椒魚の民俗学的考察と独断的私見】

山椒魚は、両生綱、有尾目の水性動物で、日本、中国、台湾、アメリカなどに生息している。主な日本産種は、サンショウウオ科とオオサンショウウオ科に大別される。一般に知られているのはオオサンショウウオで、体長が五十〜百五十センチになり、世界最大の両生類の一つとされる。ほかの種類は、二十センチ以下と小さい。サンショウウオ属には、アベサンショウウオ、イシヅチサンショウウオ、エゾサンショウウオ、クロサンショウウオ、ハクバサンショウウオ、ホクリクサンショウウオ、トウホクサンショウウオ、トウキョウサンショウウオなど、地名がついたものなど種類が多い。

種類によって、指の数が違ったりするが、いずれも、イモリなどほかの両生類と同じように皮膚に鱗はなく、ヌメヌメとした粘膜に覆われている。皮膚呼吸をしているが、皮膚が湿っていないと生存できない。

渓流に生息するハコネサンショウウオは、肺を持っていない。前足が四本、後足に五本の指がある。種によって違いがあり、キタサンショウウオの後足の指は四本だという。

オオサンショウウオは、一生を水中で過ごす。井伏鱒二の小説『山椒魚』では、岩屋の中に棲んでいるうちに体が大きくなって外に出られなくなったオオサンショウウオが描かれている。オオサンショウウオは、二百年以上生きるとされ、「生きた化石」とも呼ばれてきた。実際には、野生の平均寿命が八十年、飼育されたものでも五十年ほど生きるといわれる。

一般のサンショウウオは、春に産卵の季節を迎え、水辺に下りてくると、水中の石の裏や小枝に卵を産みつける。流れのある沢などに産む〝流水性の山椒魚〟と、溜まり水に産む〝止水性の山椒魚〟とがある。

卵は寒天状の卵のうに包まれているが、形はアケビ型、バナナ型、コイル型、ヤマブドウ型などあり、一つの卵のうに数十個の卵を産みつける。卵のうは、タンパク質を多く含み、水を吸って大きく膨らみ、卵細胞を守っている。卵は約二ヶ月で孵化する。流水性の山椒魚の卵は、孵化しても体力がつくまで卵のうの中で過ごす。卵のうに栄養が詰まっているため個体が大きい。一方の止水性の卵は、流される心配がないので、孵化するとすぐに飛び出す。幼生から幼体に変態し、一、二年ほどで成体になる。

山椒魚は、江戸時代初期の料理本にも記述があるように、古くから食べられてきた。料理として食べたのは、主にオオサンショウウオで、美食家として知られる北大路魯山人も、中国の『蜀志』という本を取り上げて、「山椒魚は、木に縛りつけ、棒で叩いて料理する」という内容を紹介している。

また魯山人自身も山椒魚を料理して食べ、その味を称賛している。山椒魚を入手したのは震災前（関東大震災、大正十二年九月一日）とし、知人の水産講習所の所長から贈られたという記述があるから、オオサンショウウオだと思われる。保護動物として、捕獲を禁止されているという記述もあるから、これはもう確信犯と断定せざるを得ないが、何か特別の枠があったものかどうか。料理法も、詳細に書かれている。

「頭にカンと一撃を食らわすと簡単にまいって、腹を裂いたとたんに山椒の匂いがプーンとした。腹の内部は、思いがけなくきれいなものであった」とするし、同時に料理店の話として、「山椒魚を殺すには、すりこぎで頭部に一撃を食らわせると、断末魔にキューッと悲鳴をあげる。あの声はなんとも言えない薄気味の悪いもんですな」という生々しい証言も紹介している。

料理法も細部に及ぶ。

「まず、はらわたを除いたら、塩でヌメヌメを拭い去り、一度水洗いして、次に塩を揉み込むようにして肉を清める。こうして再び水洗いして、三、四分ぐらいの厚さの切り身にする。汁は酒を加え、丸しょうがとねぎを入れてゆっくり煮る。山椒魚は、肉も美味いがゼラチン質の分厚な皮がとびきり美味」と、食べ尽くし、さらに、「山椒魚は、すっぽんのアクを抜いたような、すっきりした上品な味で、翌日に冷めたものを食してみると、固かったものが非常に柔らかく、皮などトロトロになって、汁もはるかに美味だった」と、手放しに絶賛している。

魯山人にここまで言われると、何としても食べてみたいが、今日では全国的な河川改修やダム、堰堤建設などによって生息数が減少している。なかでも、オオサンショウウオは天然記念物に指定されており、いまでは捕ることも食べることも許されない幻の味となってしまった。

個人的には、いままで檜枝岐や秋山郷、秩父中津川などで山椒魚を食べたが、通常の山椒魚に比べてはるかに巨大で、たっぷりと肥えたオオサンショウウオの味は、頭で想像するしかない。

そして、もしかしたら、世の中には隠れた美食家や好事家がいて、秘かにオオサンショウウオを入手して食べているのではないかと疑心が起きると、居ても立ってもいられない心境になる。

いつの日か、秘かにオオサンショウウオを食べて、魯山人の言を借りて、「変わったものを食べて、何が一番美味いかと問われたら、さしずめ山椒魚と答えておこう」と、キザなセリフの一つでも吐いて常人を煙に巻いてみたいものである。

スギゴケ

スギゴケは、食べてはいけない。ということになっている。農林水産省から、死亡例のある毒キノコとして通達が出ている。誤って食べると、急性脳症を発症する恐れがあるという。急性脳症は、突然、意識障害や痙攣が起きて、重症になると死亡に至る怖い病気である。平成十六年と十九年に、急性脳症を発症した患者の中の数人がスギゴケを食べていたことが分り、突然、スギゴケに疑いの目が向けられるようになった。

だが、スギゴケは古くからずっと食べられてきた。山村の暮らしには、なくてはならない大事な食糧でもあった。一般的にも、平成十六年以前のキノコの専門書やガイドブックには、食用キノコとして紹介されていた。それ以降でも、肝臓に障害のある人は食用を控えるようにという、肝臓障害との因果関係に関する注意喚起が発表されたが、毒キノコとは断定はされていなかった。しかし、その後何回か、類似の食中毒や死亡例が起きたことで、完全に毒キノコの烙印を押されてしまった。

スギゴケという名は、新潟地方での俗称で、ほかにスギカノカ、スギワカイ、スギワケ、スギモタシ、スギミミ、ミミタケ、スギバナ、オワケなどの地方名がある。

主にスギやマツなど、針葉樹の切り株や倒木に生える。笠が二〜六センチ。扇型、または耳型の白いキノコが重なり合って、しばしば群生を作る。地方名も、その見た目からの発想が元になっている。正式の名は、スギヒラタケ（杉平茸）で、キシメジ科のキノコである。

類似のキノコにブナヒラタケがある。スギゴケ（スギヒラタケ）と似た特徴を持つ白いキノコだが、こちらはヒラタケ科で別称ブナカノカ。食用のキノコで、ブナなどの広葉樹の枯木や切り株に群生する。スギヒラタケは、笠の裏側に白色のヒダがあり、ブナヒラタケにはヒダがない。白色の針状の突起がある。素人には見分けが難しいが、昔はどちらも食用にしていたので問題はなかった。

名前で間違いやすいのは、ヒラタケ科のヒラタケ。別名カンタケとも呼ばれ、ブナやトチ、モミジ、ヤナギ、サクラなどの広葉樹に生える。肉厚のキノコで、笠の径は五〜十五センチほどの半円形。一つの菌床からキノコが密集し、木の根元や幹に階段状にいくつもつく。黒色から灰色、褐色、白色と変化する。

生育条件によって形が変わるが、天然のヒラタケは毒キノコのツキヨタケに似ているものもあって間違いやすい。見分け方の一つは、ツキヨタケは柄を裂くと黒いシミのようなものがあるが、ヒラタケにはない。

ヒラタケは、古くから食べられてきたキノコで、一説では平安時代にはすでに食用されていたといわれる。人工栽培も早く、以前はビン栽培したものを「シメジ」として売られていた。

味も香りもクセがなく、鍋や汁物、天ぷら、炒め物、パスタ、バターソテーなど、幅広く家庭料理に利用されてきた。

マイタケ、マツタケ、ヒラタケ、シメジ、ナラタケ、イグチなど、食用のキノコはたくさんあり、昔から、秋の山はキノコ狩りの人たちで賑わった。スギゴケもその一つではあったが、山国の人たちにとって特別なキノコではなかった。

どちらかといえば雑キノコの部類に入るキノコで、近隣の森林に行けば見つけるのにさほど苦労はしない。スギやマツは山道沿いに生えていて、切り株や倒木も目につきやすい。ほどよく腐敗が進んだ木の根元を見ると、真っ白いキノコが折り重なるようにびっしりとついている。一つの群生で、籠がいっぱいになる。見つけやすくて、たくさん採れる。人々にとって、ありがたいキノコだった。

その一方で、一枚一枚は薄っぺらい紙のように貧弱で、キノコとは呼んでもらえず「コケ」と蔑称される。山で採ってきても、誰も褒めてくれない。

それでも、人々はスギゴケが出る季節を楽しみにして待ち、出始めると、長い冬に備えてせっせと採ってくる。とくに雪国の人は、スギゴケに特別の愛着を抱いている節がある。

山が紅葉に色づきはじめる頃、誰かがスギゴケを採ってくると、さっそく仲間が集まって鍋を囲む。大人も子どもも大喜びする。みんな、ひまを見ては山に入る。昨日はどこの鍋、今日は誰の鍋、と頻繁に誘いがかかる。連日続くと、さすがに食傷気味になるが、スギゴケはクセがないので食べ飽きない。

だが、それもスギゴケが出始めから盛りの頃までで、秋が深まってくると、各自が自分の家の保存用に採りためる方が忙しくなって、どこからも声がかからなくなる。各家で、採ってきたスギゴケを、大きな桶《おけ》に塩漬けにして保存した。

かつて雪国では、どこの家でも納屋にいくつもの桶にスギゴケを漬けていた。食べるときは、塩出しすれば、鍋や味噌汁の具、煮物、炒め物、炊き込みご飯など、幅広く使える。大家族を抱える家の主婦にとっては、大量に塩漬けしたスギゴケは、大事な宝物だった。家族の食と健康を支える主婦は、納屋に味噌やら、スギゴケや大根、白菜などの漬物桶が並ぶと、何よりもうれしそうだった。

スギゴケ採りにいくのは、ちょっとした山歩き気分で楽しい。スギゴケは、人が足を踏み入れたことがないような原生林にはなく、歩ける山道沿いの伐採地の跡などに群生している。白くて目立つので見つけやすい。見つけたら足元の熊笹をちょっとかき分けて採る。

だが、気をつけなければならないのは熊との遭遇である。この時期、熊は冬眠に備えて食いだめをするために山を徘徊している。数年前に、二、三メートルしか離れていない熊笹の藪の中を、熊が駆け下りていったことがある。もう少しで鉢合わせをするところだった。

またあるときは、山の奥に入ったときに、道の真ん中に熊の糞があった。糞はまだ新しく、あきらかに侵入者に対して、自分の存在を知らせて警告を発している。熊は、大きな体にもかかわらず、音も立てずに自分の足跡を後ずさりして身を隠して、物陰から様子をうかがったりする。そんなときはゆっくりと後ろへ下がりながら、その場を離れなければならない。

スギの伐採地は、明るいからすぐ分かる。それでも、最近は林業不況が長く続いて、山は荒れている。細い間伐材は搬出もされず放置されたままで、下草も刈られずに伸びている。奥の植林地は、放置されて巨木が目立つ。枝打ちなどの手入れもされていないので、太い枝が伸び放題に横に張り出している。枝打ちがされない木は、製材すると、乾燥して節の部分が抜けてしまうので、建材としてはもう商品にはならない。ますます日本の林業は衰退していく。

伐採地の、下草や熊笹が伸びた間に、切り株や倒木が転がっている。藪をかき分けていくと、古い株にスギゴケが何段にも重なって群生している。

スギゴケは、純白色で、肉質は薄く、笠は扇型をしている。耳にも似ている。茎はなく、笠の側面で木に直接くっついている。大きいものから小さいものまで、折り重なるようにびっし

スギゴケは倒木に白い花が咲いたようにびっしりとつく

りついている。その中から大きいものを選びながら剥《は》がしていく。欲張らずに小さいものを残しておくと、何日後かに採り頃の大きさになる。その間に、誰かに採られてしまうこともあるが、それはそれで構わない。諦めて、ほかを探せばいい。自然の恵みは、みんなで分かち合わなければならない。

一般にキノコは、台風が早く来たり、夏の土用に雨が多かったりすると豊作になるといわれる。そうかと思うと、夏に猛暑が続いたのにキノコが大発生した年もあった。雷が落ちると異常発生するともいった。ほかの気象条件による影響もあるのかもしれない。

キノコというのは、不思議な生物である。一般的には、自然の生態系は、動物、植物、菌類という生物群によって構成されている。キノコをはじめとする菌類は、かつては植物の一部として扱われてきたが、その後の生態学では、動物でも植物でもない、第三の生物として市民権を与えられている。つまり、この三者の生命活動と緊密な連携によって、絶妙な自然の生態系が維持されていることが分かってきた。

動物と植物の境界は、生存のためにほかの生物を食うかどうかによって判断される。

動物は、ほかの生物を殺戮することでしか生存を維持できない。だがその一方で、樹木など植物の種子を運び、繁殖の手助けをしている。

植物は森や林を作り、動物が棲息しやすい環境を提供している。植物は自分では移動できないリスクと引き換えに、生殖以外の器官を退化させて、進化の究極に達した。

そしてキノコなどの菌類は、動物の死骸や倒壊した樹木を分解し、地味豊かな大地に戻して、動植物の生存に貢献している。また、複雑な化合物である動植物は、一種類の菌だけでは腐敗分解できない。そのため、キノコなどの菌類は、段階的な分担をしながら、有機物を簡単な物質に分解していき、最後に水や炭酸ガスなどに戻していく。もし地球上に菌類がいなければ、地上は動植物の死骸だらけになってしまう。

キノコの大部分は、担子菌類と呼ばれるものに分類される。キノコの本体は、ほかの菌類と同様に、菌糸体だ。菌糸体は、糸状の菌糸で、無数に枝分かれして栄養補給をする。植物の根、茎、葉に相当する。

菌糸体は、やがてキノコの外形である子実体に成長し、担子菌類は、担子柄と呼ばれる棍棒状の細胞胞子を作る。この担子柄が無数に並び合って作る層を担子層といい、キノコのヒダや、針状の突起、あるいは笠の表面に表れる。子実体は、植物の花に相当する器官といえる。

一般に、自然界の仕組みは、生産（植物）と、消費（動物）、還元（菌類）の役割と循環で維持されていると定義される。ひたすら消費に本能を費やす動物たちも、自然界の還元の因果律にしっかりと組み入れられている。花や木も、キノコも、そうした秩序とバランスの中で共存している。人間も、かつては、そうした自然の因果律に参加していた。森の深奥部を、神の領域として護《まも》り、日々の暮らしにもっとも近い里山を管理しながら、動植物の生育に手を貸した。

木を伐り、枝を落とした森は陽が差して明るく、風が通る。草花が咲き、蜜を求めて虫が寄り、動物が集ってくる。菌類も活発に動いた。

人間は、自然の一員としての義務を果たす見返しとして、ありあまる恩恵を得ることができた。しかし現代に至って、繁栄を一人勝ちした人間はひたすら「還元なき消費」を独占している。

スギゴケは、主にスギやマツの腐敗処理と再生の役割を担っている。菌糸は樹木を覆いつくし、内部深く入り込んで組織をボロボロに崩壊させて、栄養豊かな土に還元する。樹木が完全に腐朽してしまえばスギゴケも生きられない。スギゴケは、その数年の間にだけ地上に姿を現す。人間は、そのおこぼれを分けてもらっている。

一般に、キノコの多くの種は、生きた木に寄生する共生菌だが、スギタケは木を腐らせる木材腐敗菌である。よく知られるマイタケも、ナラやシイ、カシなどブナ科の木に寄生して白色腐敗を引き起こす。太い柄から何回も分枝して、先端にヘラ状の笠を群生する。

マイタケは、最大で、直径一メートル、重さ十キロ以上の巨大な塊になる。深山で、大きく育ったマイタケを発見した人が、喜びのあまり舞い踊ったというところから「舞茸」の名がある。大きい塊をよく見ると、無数の人々が集まって乱舞しているようだからという説もある。私自身も、東北の山で、ひと抱えもあるマイタケの塊を見つけて、無人の山で熊のような咆哮《ほうこう》を上げたことがある。

『今昔物語』にも、キノコを食べた女性が舞ったという話があるが、そのキノコはマイタケではなく、ワライダケなど幻覚性のキノコではないかといわれている。その一方で、東北の村では、山の神の祭事に、マイタケを採ってきて舞う習わしがあるというから、昔の人はマイタケに特別の山の霊気を感じていたのかもしれない。

天然マイタケはキノコの王様。旨味が強く、シャキシャキして歯切れがいい。炒め物、天ぷら、鍋物、炊き込みご飯など、幅広く料理に使える。少量の塩を振って火で炙り、熱燗の酒に入れて飲む「マイタケ酒」は格別の味わいがある。

マイタケ自体は、ミズナラなど発生する木が分かっていれば、何年にもわたって収穫できるが、採取者はその場所を秘密にして、家族にさえ明かさなかったといわれた。また、かつてはマイタケは栽培できないといわれ、さらに希少性が高くなり、「幻のキノコ」といわれた。現在、栽培物のマイタケが出回っているが、味は天然物とは似て非なるものがある。

スギゴケはマイタケのように巨大な塊にはならないが、形状は似ている。だが、スギゴケは笠が小さく、肉が薄い。無造作に採ると崩れやすいので、そっと手で包むようにして剥ぎ採る。元の菌は残すようにすると、また生える。スギゴケは、小さいが群生するので、一つの株からどっさり採れる。二、三ヶ所の株で、鍋を何回かできる量の収穫が得られる。

だが、スギゴケは採るのは楽だが、採ってきたあとの始末に手間がかかる。小さいのに木屑がくっついていて、洗って丁寧に取り除かなければならない。水を張った鍋の中で、指先で一枚一枚洗っていく。気が短い人間がやると、じれてきてキノコをバラバラにしてしまう。

なかには、自分は好きな山で遊んでスギゴケを採ってきて、後始末を女房に押し付けて、大威張りで酒をくらっている男もいる。そういう男の傲慢が許された時代があった。

採ってきたスギゴケは、ほかの野菜と一緒に鍋にしたり、味噌汁に入れて食べた。油で炒めても美味しい。煮物や、おひたしにしても美味い。シャキシャキとした歯触りで、淡白で上品な味がする。味にクセがないから、どんな料理にも合う。

保存する場合は、ほかのキノコと同様に、茹でてから塩漬けにする。そのまま保存する場合は、南蛮水に浸したり、囲炉裏の火棚に乗せて燻しておいた。キノコの中には小さい虫が入っていることがあるので、煙で燻して、虫出ししてから保存する。

我が家では、いろいろな料理を楽しんだあとは、冬に備えて塩漬けにしてきた。採ってきたスギゴケを水洗いしたら、多めの塩で桶に漬け込む。途中で水が上がってきたら捨てて、もう一度多めに塩を振って漬け直す。カビが生えないように冷たい場所に置いて保存する。これで春まで持たせる。

秋の採ったばかりのスギゴケも美味いが、塩漬けにしたスギゴケも、しんなりとして美味い。塩出ししても、かすかな塩味が残って独特の風味を醸し出す。

冬に連日雪が降り続いて、食料が乏しくなってきたときに、土間の隅に置いたスギゴケの桶を開けると、表面が凍っている。シャリシャリと氷に手を突っ込んでスギゴケを取り出す。それをぬるま湯に浸して戻しながら塩抜きをする。本格的な塩抜きは、細くした流水に晒《さら》し、ときどき味を確かめながら、程よい塩加減にする。

煮物、炒め物、汁物など工夫したあと、腹持ちがするように炊き込みご飯を作ってみる。炊き込みご飯は、普通のウルチ米でもいいが、モチ米を使うとさらに美味しい。

モチ米は、研《と》いでから一、二時間水に浸しておく。そのあと普通は蒸すが、ウルチ米のように土鍋で炊いてもいい。

スギゴケは、水切りをして、大きいものは食べやすい大きさに切る。ニンジンやネギなどあり合わせの野菜を刻んで一緒に油で炒める。油揚げがあれば入れる。油が入るとモチ米にテリが出て、味もよくなる。醤油と酒、少量の砂糖で味をつける。最後にネギを入れてサッと炒める。

ご飯が炊き上がったら、炒めた材料を入れて、素早く混ぜ合わせ、蓋をして蒸す。少し時間を置いて蓋を開けると、湯気の中に、炊きたてのご飯と醤油の香ばしい匂いに、ほのかなキノコの香が混じり合っている。

モチ米は、艶やかで、ふっくらとして粘りがある。スギゴケは、苦味もなく、程よい塩味が残っていて、ご飯の味を引き立てる。塩漬けのスギゴケは、しんなりしているが、シャキシャキとした歯触りは失われていない。

モチ米の炊き込みご飯は、美味しくて腹持ちがする。雪山を歩くときには、おにぎりにして弁当にする。故郷新潟には、昔から、モチ米を醤油で炊いた素朴な「醤油おこわ」があるが、モチ米にスギゴケを入れた炊き込みご飯は、それよりちょっと贅沢な感じがする。おにぎりにすると、固くなりにくいので弁当にいい。

かつては、スギゴケは暮らしの身近にあって、庶民の味として長く親しまれてきた。スギゴケの鍋を囲む仲間や、家族の顔はみんな笑顔だった。秋に、いくつもの桶にスギゴケを塩漬けにする年寄りの姿は生き生きとしていた。これで、この冬を乗り越えられるという安堵の気持ちが顔に表われている。

しかし、食用が禁じられて以後は、怖くて誰も食べなくなった。当初は、「いままで何の問題もなく食べていたんだから、大丈夫だ！」と威勢を張っていた人たちも、次第に声が小さくなった。誰も、キノコ一つに命を賭けるリスクは避けたい。いまや、スギゴケは、幻の味になってしまった。

山に行けば、いまもスギゴケがスギやマツの切り株や倒木に群生して、大地に還元する孤独な作業を続けている。それを横目に見ながら、無為に山を歩くのは一抹の寂しさを覚える。

【スギゴケの民俗学的考察と独断的私見】

食用が禁じられているスギゴケをひっそり食べてみた。ためらいつつ、少量ではあるが試食してみた。いままで、ずっと食べてきたキノコなので、大丈夫だという自信はあるが、どこかに不安を覚える。食べると急性脳症になる恐れがあるというが、急性脳症という病気には馴染みがない。怖いからちょっと調べてみたら、急性脳症は中枢神経障害の一種で、神経麻痺や痙攣、意識障害を発症し、その後、脳浮腫が進行して死に至るとされる。スギヒラタケ（スギゴケ）を食べて発症した患者五九名のうち、もともと肝機能障害を持っていた十七名が死亡した例が報告されている。そのため、当初は「原因不明」とされ、肝臓薬を投与している人の食用は禁止された。

その後しばらくの間、原因の究明は困難を極めたが、スギヒラタケから抽出したレクチンという、特定の糖と特異的に結合する蛋白質を、実験用のマウスに腹腔内注射したら死亡した例が報告され、スギヒラタケがほかのキノコに比べてレクチン活性が非常に多いことから「レクチン原因説」が広まった。さらに、亡くなった患者の脳に、強い細胞毒性が見られたことなどによって、スギヒラタケは完全に毒キノコに断定された。

そのことについては、異論はない。が、それではずっと昔から広く食べられてきた食習慣をどうとらえればいいのか。これまでに、スギゴケを食べて食中毒になった事例はあったのか、なかったのか。仮にあっても、重要視されてこなかったのか。昔は、腎臓の病気がなかったのか。あるいは、体調や生活環境、食生活の変化と関係があるのか等々。疑問が次々に出てくる。

食べ物は、その日の体調によって微妙な影響が出る。食べ馴れたものでも、体調によって美味しかったり、不味かったりする。軽い腹痛や下痢や、嘔吐感を感じることもある。とくに野生のキノコは、ある意味で未知な部分が多く、栄養と毒性は隣り合わせのような要素がある。

私自身、房総に住んでいた頃、キノコに詳しい友人がいて、いろんなキノコを持ってきてくれた。ときには、「これは、ちょっと痺れるけど、大丈夫だから」といって、見たことのないキノコを置いていったこともある。たしかに、美味しいキノコだったので食べ過ぎたら、口と胃に軽い痺れがきたが大事には至らなかった。

その彼は、ひそかに自分を実験台にしているらしく、ときどき嘔吐したり、便所に入り浸ったり、夢遊病者のように歩き回っている。一度はワライタケを食べて、部屋で七転八倒したという。その執念にも似た探求心、食い意地には頭が下がる。

ワライダケ（笑茸）は、オキナタケ科の毒キノコで、食べると精神錯乱状態を引き起こし、異常な興奮や幻覚作用が出る。幻聴や目眩、手足の麻痺を発症する。一般に「笑いが止まらなくなる」というが、当人はおかしいわけではなく、顔面の神経が硬直して、外見には笑っているように見えるが、非常に苦しいらしい。未知のキノコには、そうしたさまざまな危険が秘められている。

私も、彼の強い探究心を見習って、スギゴケをひそかに食べてみたが、体調に変化は確認できなかった。しかし、なかば怯《おび》えながら、久しぶりに食べたスギゴケは、特別美味しいとは感じなかった。人間の味覚は、その食材を安心して受け入れる、心の余裕が影響していることを実感した。

スガレ

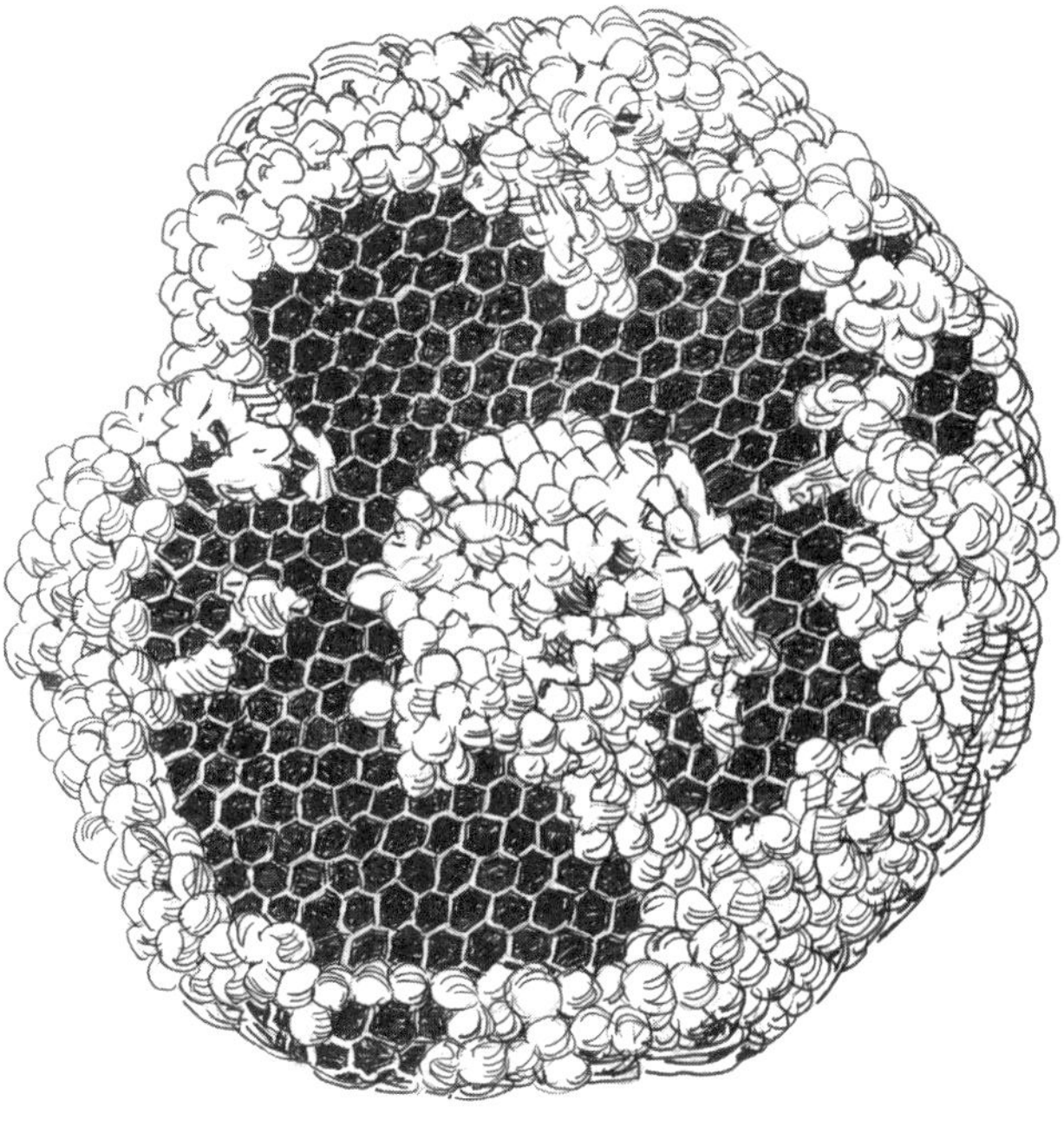

野山を必死に走った。走りながら、顔は上を向いている。秋晴れの紺碧の空に遠く、小さな白い雲の欠片のようなものがユラユラと飛翔している。それを見逃さないように凝視したまま走っている。前にも数人の男たちが走っている。

白い雲の欠片は、真綿だ。長く伸ばした綿は、スガレの体に付けられている。小さな真綿だが、体の小さいスガレには重いのか、飛ぶ速度は遅い。風の抵抗を受けながら、必死に運んでいく。野山を駆ける男たちは、巣に帰ろうとするスガレの後を追跡している。それを「スガレ追い」、あるいは「蜂追い」といった。

スガレというのは、主に長野県での呼び名で、ほかにスガラ、スガルなどともいう。正式名はクロスズメバチ。体長十二、三ミリと小型で、ミツバチと同じくらい。全身が黒く、淡黄色の横縞模様がある。一般的には「地蜂」の方が分かりやすい。ほかの蜂と違い、地中に巣を作るのでその名がある。

スガレの幼虫である蜂の子は食べて美味しい。古い時代から、山間部を中心とした日本各地で食べられてきた。かつては、肉や魚が入ってこなかった山村にとって貴重な蛋白源でもあった。また同時に、スガレ追いは、閉鎖的な寒村の、数少ない娯楽でもあった。大人を真似て、子どもたちの遊びでもあった。子どもたちは年長のガキ大将に統率され、遊びを通して郷土の因習を受け継いでいく。幼い頃から体に染みついた土着の遺伝子は、年を経るにつれて一層強固になる。

スガレは、山の斜面などの土中に巣を作るので、外からは見つけにくい。見つけるには、スガレの移動経路と、営巣場所に適した場所を注意深く観察する必要がある。その上で、空中を飛翔するスガレを手掛かりにして推理するか、餌を巣に運ぶハチを追跡するしかないが、どちらかといえば、スガレに案内してもらう方が確実である。

空を飛ぶ小さなスガレを目で追うには、目印が必要だ。そのためには、スガレ追いに先立って、〝案内役〟のスガレを確保して目印をつけなければならない。まず、スガレをおびき寄せる工夫が凝らされる。スガレは肉食なので、餌はヒキタと呼ばれる食用ガエルやコオロギ、または残り物のブリやマグロの魚肉や腹ワタなどが使われる。

この日も、スガレ追いに集まった男たちが、手分けをして田の畔や堆肥の中をかき分けながら餌探しに散った。カエルは、脚を引きちぎって皮を剥き、コオロギは指で潰して串刺しにする。これを、スガレが見つけやすい場所に立てておく。男たちは、草むらに身を隠して様子を見る。スガレは、整髪料や香水など、甘い匂いに興奮するので、スガレ追いには、都会風のしゃれ男は嫌われる。

ヤブ蚊に刺されながらしばらく待っていると、スガレが餌を見つけて飛んでくる。餌に止まると、鋭い口器で肉を噛み切って巣に運んでいく。一回目は捕らずに見逃す。だが、このときに巣の方向の見当をつける。また、再び餌に戻ってくるまでの時間で、おおよその距離が測れる。巣が近いと低く飛び、遠いと高く飛ぶ習性がある。このへんは年の功で、経験がモノを言う。集団行動にはリーダーの資質が成果を分ける。

スガレは餌場と巣を二、三度往復するうちに、人間に対する警戒心が薄くなる。もともとスガレは、攻撃性は弱く、刺激を与えなければ襲ってこない。その頃合いを見て、真綿を薄く取って一方の端を糸状にして舌で濡らし、カエルやコオロギの肉片に結びつけて、スガレに抱かせる。餌に夢中になっているスガレは、人間の策略に気づかず、白い真綿をユラユラと揺らしながら巣に向かって飛んでいく。真綿は、大きすぎたり、重すぎると風の抵抗が強くて思うように飛べないし、軽すぎると、早く飛んでいって追いかけるのに苦労をする。

真綿を抱いたスガレが飛び立つと、それを目印にして追跡が始まる。男たちが一斉に走り出す。若い者が飛び出す。いままで腰が痛いの、膝が痛いのと愚痴をこぼしていた年寄りも、目を釣り上げて後を追う。

スガレは上空に舞い上がって、フラフラしながら、一直線に巣を目指す。途中には、畑があり、土手があり、小川があり、林があり、道路があり、人家があり、崖がある。柵があり、肥溜めもある。

追う方も、一直線に走る。上空高く飛ぶスガレから一瞬でも目を離すと見失ってしまう。顎を上げたままの姿勢で走り続ける。田んぼを突っ切り、坂を滑り降り、崖を這い上り、藪に突っ込んでいく。坂を転がり落ちたり、蛇を踏んだり、野イバラの棘《とげ》で傷だらけになるのは当たり前で、切り株のある桑畑などで転倒すると大怪我をする。肥溜めにはまる者も出る。転倒、転落、交通事故などの危険を伴う。農作物を踏み荒らして、スガレ追いを禁止にする村もある。

だが、男たちはひるまない。昔の悪童に帰って、目を輝かせて野山を越えていく。

スガレは、巣の場所に降りると、巣穴に入っていく。巣は土の中に丸くて下方が膨らんだ形で、外側の外被は厚く巣全体を覆っている。その中に棚状の巣が何段も連なっている。横に一ヶ所、出入り口の穴が開いている。

土の中に巣を作るのは、地中は温度が安定して、冬も凍結しないからだ。オオスズメバチやアシナガバチなどは、外に巣を作るので越冬できずに死んでしまうが、地中の巣は冬でも長く営巣できる。

男たちは、息を切らせながら巣にたどり着くと、持ってきた煙幕花火に火をつけて、巣穴に突っ込む。昔はセルロイドを燃やした。スガレ追いの本場、長野県では、硫黄分を多めに配合した「蜂捕り用煙幕花火」が販売されている。煙の効果は昔より飛躍的に向上している。遅れて駆けつけた男たちが、肩で息をしながら周りを囲む。地べたに倒れ込んでいる男もいる。肥溜めを踏み抜いた男は鼻をつまんで遠ざけられる。場が騒がしくなる。

外の人の気配を察知して、巣穴からスガレが次々に飛び出してくる。偵察蜂が忙しく飛び交う。人の体をかすめながら、顎をガチガチ鳴らし、羽を小刻みに震わせて音を発する。巣を守るための威嚇行動で、その警告を無視すると、怒って直接攻撃をしてくる。

蜂は黒い色を攻撃する。頭や目を狙ってくる。手で払うと、その手を刺しにくる。小さくて動きが早いので、避けるのが難しい。刺されると、毒性は弱いが、縫い針を刺したときのような痛みがあり、痕が赤く腫れてくる。肌の弱い人は膿《うみ》を持つこともある。

同じ蜂でも、オオスズメバチの場合は毒性が強いので、刺されるとアナフィラキシーショックを起こす危険がある。一度刺されると、ハチ毒の抗体ができ、二度刺されるとアレルギー反応を起こして、死亡に至ることもある。最強の猛毒昆虫だ。

因みに、私はオオスズメバチやアシナガバチにも何度も刺されている。我が家は、山中に建てた丸太小屋で、自然の動植物は身近に接することから、しばしば予期せぬ出来事が起こる。

一度目は、家の周りの草刈りをしていていきなり刺された。しばらく草刈りを怠って、腰あたりまで伸びた藪の中に巣をかけていたのが分からなかった。頭上に蜂が数匹飛び回っているのは気がついていたが、無視して作業していたらいきなり襲ってきた。咄嗟《とっさ》に手で払いのけたら、長袖シャツと、手袋のわずかな隙間を狙われた。突然、焼き火箸で刺されたような鋭い痛みが走った。素早くその場を離れたので、追撃は免れた。巣はその後、こちらから夜襲をかけて、崖下に蹴落として溜飲を下げた。

二度目は、家の軒下に巣を作られた。知らない間に巨大に成長していた。巣の中でスズメバチの大群が活動する羽音が、ヘリコプターのような唸《うな》りとなって板壁ごしに響いてくる。巣がこれ以上大きくなると、ますます手に負えなくなるので、意を決して駆除に立ち上がった。

夏の暑い盛りに、袖の長い防寒具を着込み、頭にオートバイのヘルメットを被った。手は、これもオートバイ用の防寒手袋を装着した。武器は、殺虫剤と、バドミントンのラケット。まず、長い竹竿の先に殺虫剤を縛り付け、殺虫液の噴出口にひもを結んで、下でひもを引くと噴出する工夫を施した。

巣の入り口に狙いを定めて殺虫剤を噴出すると、スズメバチが驚いて騒ぎ出した。巣穴から蜂が湧くように飛び出してくる。蜂はパニックを起こしながら、襲撃者を見極めて反撃してくる。それを、片手に殺虫剤、片手にバドミントンのラケットで応戦する。殺虫剤を浴びせて、怯《ひる》んだところをラケットで叩き落とす。パシッ、パシッといい音がする。

しかし、敵は数百匹の大群。しかも、目にも止まらぬ高速飛行で、縦横無尽に襲いかかってくる。応戦するのも疲れが出て、注意力が散漫になってくる。その間隙を突かれて、後頭部の隙間から一撃、ズボンの布越しに一撃をくらってしまった。飛び上がるほどの激痛が走った。このときは、痛みに堪えながら竿で巣を突き落として、急いで家に駆け込んで急場を逃れ、しばらく待って蜂が落ち着いてから、素早く飛び出していって、また崖下に蹴落としてやった。

三度目は、家の玄関の天井に巣が作られた。小さい巣の状態から見ているので、さしたる警戒心を持たず、家の出入りも平気で行なっていた。スズメバチの方も、同居人として認識しているのか、襲ってくる気配がない。安心して玄関を行き来しているうちに、敵が突然、豹変して襲撃してきた。繁殖期で、苛立っていたのかもしれない。いきなり頭上から黒い目玉を狙ってきた。咄嗟に顔を避けたら、こめかみを刺された。太い静脈注射を打たれたような痛さだった。

急いで、頭を両手で覆って駆け出し、反対側のベランダに飛び出したら、床が腐っていて足を踏み抜いてしまった。みるみるうちに顔が二倍に腫れ上がり、脛が内出血して紫色に腫れた。

心臓の動悸が早まってきたので、麓の病院に駆け込んだ。病院でも、スズメバチに負けないくらいに痛い注射を打たれた。一度ならず、二度三度と刺されて、秘かにショック死を覚悟した。巣は翌日、叩き落とし、外に蹴り出して火で燃やした。

早い段階で病院に駆け込んだのがよかったのか、幸い重症にはならなかった。後遺症も出なかった。どうやら、アナフィラキシーショックは、必ず起こるわけではないようである。それとも特別、心臓に毛が生えて丈夫なタチなのか。悪運に恵まれているだけなのか、自分では分からない。

スガレ捕りは修羅場と化した。スガレに攻撃される犠牲者を横目に見ながら、怯まず煙幕花火の煙を巣穴に送り込む。濛々たる煙に燻されると、スガレの活動が弱くなる。巣の中の大群も仮死状態に陥る。だが、その時間は短い。失神が覚めると再び攻撃してくるので、その短い間に巣を掘り出す。

煙幕花火を何本か燃やしながら、急いで周囲の土を掘り返す。大きい巣は、一度に掘り出すには難しいので、一段、二段と巣棚を取り出していく。大きく掘って、八段も九段もある大きな巣をまとめて掘り上げると、大歓声が上がる。土手を落ちた男も、イバラで顔を引っ掻かれた男も、川でずぶ濡れになった男も、肥溜めに足を突っ込んだ男も、煙幕花火の煙にむせながら、会心の笑顔で喝采する。

スガレの幼虫、通称〝蜂の子〟は、薄い膜を張った巣室の中にいる。その膜を剥がして取り出す。無理に引っ張り出そうとすると、潰れてしまうことがあるので、巣の下から火で炙るようにすると、熱がって蜂の子が頭を出してくる。それを一匹ずつつまみ出す。指先でつまんでもいいが、ピンセットがあると作業がしやすい。

巣室の蜂の子は、幼虫の蛹《さなぎ》がほとんどだが、なかには成虫の蜂になりかけているものもいる。まだ針を刺す力はないと思って、迂闊《うかつ》に手を出すと、指を刺されることがある。縫い針で指を刺したような、鋭い痛さだった。

土中から掘り出した巣を袋に入れて、いち早くその場を離れる。あとには、巣を奪われて激しく飛び回るスガレの集団が残る。彼らは、突然の襲撃で狂騒状態に陥り、巣の略奪者を追うことも忘れて、空を乱舞している。巣から四、五メートルも離れれば、もう襲われる心配はない。

取り出した蜂の子を、好きな人は生で食べる。生の方が栄養価が高く、美味しいという。一匹つまんで口に入れる。白い蛹が舌の上で遊ぶ。歯でブチッと潰すと、バターに似た風味が口

蜂の子。サナギや、もう成虫になりかかっているものも、一緒に食べる

中に広がる。濃厚なエバーミルクのようでもある。意外に脂っぽさはない。先入観念を払拭すれば、十分美味しさを堪能できる。通人は、ウナギのような味だと絶賛する。

オオスズメバチやアシナガバチなど、ほかの幼虫も食べられるが、やや粉っぽい後味があって、スガレより味が劣るような気がする。

蜂の子は、生食するほかに、火を通して調理をする。油で素揚げにしたり、蒸し焼き、甘露煮、佃煮、炊き込みご飯などにする。揚げたり、炒ったりすると、外皮がカリッとして中がふっくらとして、卵焼きのような食感と淡白な味がして美味である。

蜂の子を、塩、または醤油でバター炒めにすると美味い。蒸し焼きは、茗荷の葉で包んで焼くと香りが移って美味しい。塩や醤油味で炊き込みご飯にすると、大人も子どもも大喜びする。東海地方では、蜂の子を〝へぼ〟と呼び、炊き込みご飯を「へぼ飯」という。「はえはち飯」と呼ぶ地方もある。長野県では、蜂の子の缶詰が、高級珍味として売られている。

スガレは、幼虫の蜂の子が美味しいが、成虫になったスガレも食べる。油で揚げたり、佃煮や甘露煮にすると外殻がカリカリして美味しい。反面、成虫は苦味が出やすい。成虫の苦味は、腹の中に虫などの食べた餌が入っているからだといい、気にする人は、胃の部分を取り除いてから調理をする。

スガレ追いが終わると、男たちは集落の集会所に集まって、蜂の子を肴に酒盛りをする。スガレ追いの反省会や自慢会がごっちゃになって盛り上がる。どの顔も四、五歳も若返って生き生きしている。畑を踏み荒らされて怒った年寄りも笑っている。料理を手伝っていた女衆も入り、子どもたちも、横から手を伸ばしてきて大騒ぎになる。スガレ追いで、村が一体になる。

スガレ追いが終わると、山国の秋は足早に深まっていく。人影がまばらになった山では、スガレの次世代の女王蜂が巣を出て雄蜂が交尾をし、新女王蜂は、地中に潜って単独で冬眠に入る。そして、春に目覚めると巣を作り始め、初夏には働き蜂が次々に羽化して新たなコロニーが再生される。

そしてまた秋になって、スガレ追いの季節が巡ってくる。蜂と人間の生命の輪廻《りんね》が、自然界の目に見えない糸で繋がっている。

【スガレの民俗学的考察と独断的私見】

スガレの正式名はクロスズメバチ。ハチ目スズメバチ科クロスズメバチ属のハチで、一般には「地蜂」と呼ばれる。日本の各地に分布し、地中に営巣するが、山地に限らず石仏の台座の下や木の洞、人家の縁の下や屋根裏などにも巣を作る。山歩きで藪を踏み荒らしたり、草刈りなどで巣に近づきすぎて刺されることがある。巣に気がつかず、缶ジュースを飲んでいて唇を刺された事例もある。ハチの和名は、「針刺」の音が転じたもので、蜂が外敵を攻撃する強力な武器である。

蜂の活動期は三月から十一月末。肉食で、コオロギなどの昆虫を捕食し、巣に持ち帰る。その一方で天敵が多く、カマキリやオニヤンマ、クモなどに食べられてしまうこともある。

働き蜂は、七月頃から羽化をはじめ、九月から十月にかけて群れが最大になる。繁殖期になると、群れの中から選ばれた新しい女王蜂が巣を飛び立ち、同時に、いままで何にも働かなかったオス蜂が、交尾のために一斉に後を追う。巣を出たオス蜂の大半は天敵にやられるか、力尽きて死んでしまう。ごく一部のオス蜂だけが交尾に成功する。そのオス蜂もまた、間もなく短い生涯を終える。

交尾を果たした新女王蜂は、地中に巣穴を開けて、単独で越冬する。土の中は、温度が安定しているので厳寒の冬を越すことができる。新女王蜂が誕生すると、ほかのすべての蜂は死に絶えるので、前の巣はそのまま放置される。

翌春に、冬眠から目覚めた女王蜂は、巣を作り始める。当初は、巣を作る材料を集めたり、餌の確保は単独で行うが、働き蜂が羽化してくると交代する。働き蜂はすべてメスで占められる。

因みに女王蜂は、卵の段階ではほかの働き蜂と同じ条件だが、幼虫のときに与えられる餌によって地位が決定される。その選定基準はどこにあるのか謎だが、数百匹の群れの生存を託して次世代の女王蜂が決められる。女王蜂は、栄養が高い餌を与えられ、肥え太ってひたすら産卵を繰り返す。

蜂は、身を守る武器として毒針を仕込んでいる。毒液の強さは種類によって異なる。毒が強い蜂ほど攻撃力が強い。一般に蜂は、広腰《こうよう》類、有錐《ゆうすい》類、有剣類に大別され、その中で有剣類のミツバチ、スズメバチ、ジガバチなどが、胸部と腰部がくびれ、お尻の剣で人などを刺す。因みに腰が細くて、スタイルのいい女人を「すがるおとめ」と称したが、「すがる」はジガバチの古称で、鋭いハリを隠しているので要注意である。

なかで最強の蜂はオオスズメバチで、アナフィラキシーショックを引き起こすほど毒液が濃い。テリトリーも広く、三十メートル先まで追って攻撃してくる。しかも、オオスズメバチに刺されると、その毒液の匂いに誘引されて、ほかの仲間も集まってくる危険がある。

その点、クロスズメバチの場合は毒が比較的弱いが、興奮すると攻撃してくる。刺されれば痛いし、肌が弱い人は腫れたり、炎症を起こしたりする。追跡してくる距離は五メートルほどで、急いで巣から離れれば、危険から逃れられる。

蜂の毒液は、複雑な混合物で、「毒のカクテル」と呼ばれる。因みに、毒液の成分は、アナフィラキシーショックの原因になる蛋白質とペプチド、呼吸不全と心肺停止の危険がある神経毒、炎症作用があるヒスタミン類で、その配合量によって毒性に差が出る。

古くはハチに刺されたときは、イモの茎で患部をなぞるとたちまち痛みが引くといい伝えた。昔の子どもは、わざとハチに手足を刺させて、イモの茎でこすって遊んだともいわれる。また、地面に半分ほど埋っている小石を掘り出し、石の上下を逆にして埋め戻すと痛みが消えるという呪いもあった。蓼《たで》の絞り汁をつける。塩をすり込む。アンモニア汁、その代用として小便をかける。渋柿の汁、アロエの汁、タマネギの汁、ヘクソカズラの汁等々。さまざまな民間療法や俗信が伝わっている。

ハチに刺されたときの症状は個人の体質や、その日の体調によっても症状に差があるようである。オオスズメバチやアシナガバチに何度も刺され、スガレ追いのときにクロスズメバチにも数カ所刺されている私自身、激痛と、顔や腕が腫れ上がった症状が治れば、体に変調をきたすような後遺症は出ていない。毎回、刺されるたびに、今度はいよいよ死に至るかと、不安が頭をかすめながらも、なんとか無事に過ごしてきた。

だが、「次は危ないかもしれない」という危惧を常に払拭できずにいる。

ザザ虫

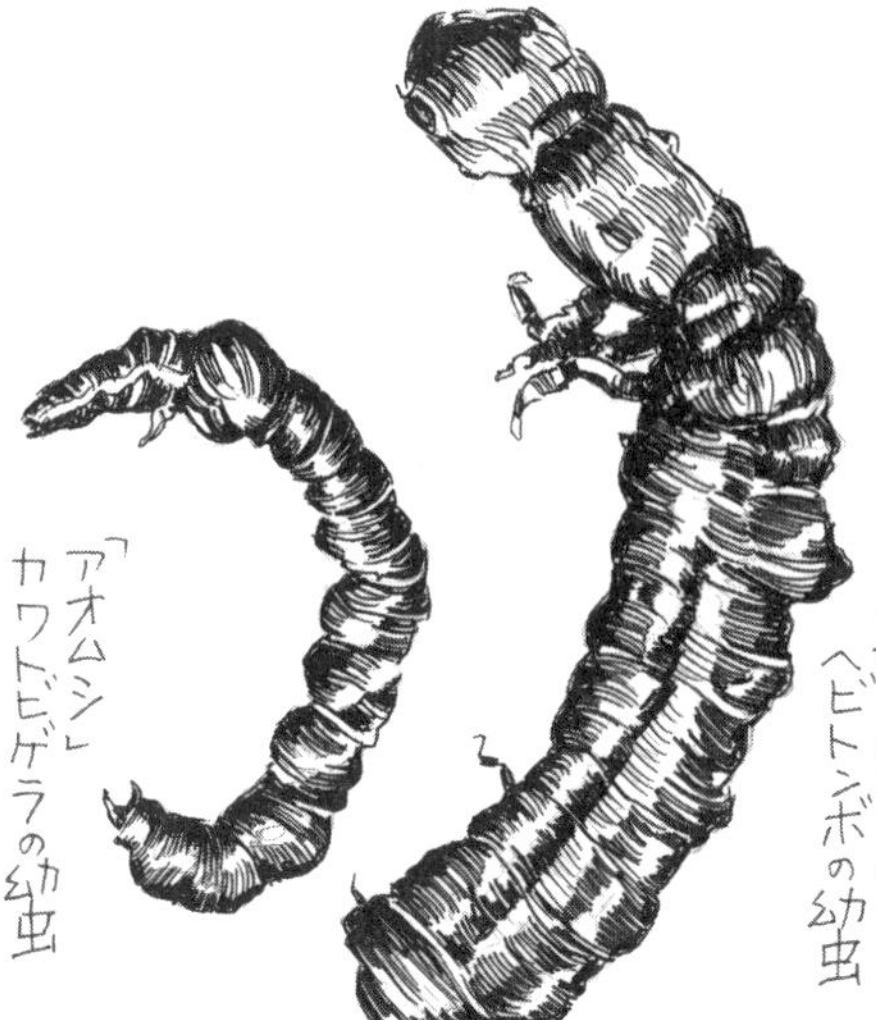

川幅広い天竜川の浅瀬は、ザザと音がする。伊那谷の谷間を縫って広い河岸段丘に差し掛かる速い流れが、川底の石を洗って雨音のように増幅している。

この土地の人たちは、日々耳にする水音から、天竜川の瀬音をザザと呼び、その川底に棲息する川虫を〝ザザ虫〟と呼んで親しんできた。

ザザ虫というのは、カワゲラやトビケラなどの幼虫のことで、信州伊那地方では昔から食用としてきた。かつて、海から遠い伊那谷の、貴重な動物性蛋白源だった。時代を下ってからも、伊那の郷土食として食べられ、一部の食通の間では無類の珍味と称賛されてきた。

需要があれば、供給が行われる。地元、伊那谷では、ザザ虫を専門に捕る漁師がいる。漁期は、真冬の十二月一日から翌二月末までの三ヶ月間に限定されている。ザザ虫捕りは、特殊漁業扱に規定され、天竜川漁業組合の鑑札のほかに「虫踏み許可証」がいる。約四十人が認可されているが、専業は数人を数える。

「いい金にはなるが、よほど体がしっかりしたモンでないと、務まらんずら」

この道四十年の〝虫踏み人〟が吐露するように、大抵の漁師が過酷な漁に二の足を踏む。

漁をためらわせるのは、天竜川の真冬の寒さである。中央アルプスと南アルプスに挟まれた深い峡谷の底に位置する伊那谷は、冬は気温が零下十四、五度になる。さらに、広い河原は駒ヶ岳颪《おろし》に吹きっさらされて、ものすべての体温を奪っていく。水の中はさらに冷たい。一日中、川に浸って作業をするのは、想像以上に過酷で、水責めの拷問にも音《ね》を上げない強靭な忍耐力が要求される。

虫踏み人は、耳当て付きの防寒帽子を目深に被り、下着を何枚も重ね着した上に防寒着を着込み、肘まである防寒手袋をはめた重装備をしている。それでも川の水は刃物のように肌に食い込んでくる。さらに、遮るものがない川原に、雪女が吐く息のような木曽駒颪の凍える風が吹き抜ける。

足元は、股まであるゴム長靴に鉄製のカナグツを履く。カナグツは、虫踏み専用の道具で、これで川底の石を踏んでかき回す。カナグツは、足に合わないと足を傷めるので、それぞれ自分の足に合わせて鍛冶屋に特注する。

昔は、素足に布切れを巻いた上に草鞋《わらじ》を履いた。戦後間もない頃は、厚手の木綿足袋に草鞋を履いて川に入った。布は乾いているときは暖かいが、水を吸うと冷たさが倍加して、骨まで凍《し》みる。防水のゴム長靴やカナグツの出現で、作業はいくらか軽減されたが、それでも厳寒の川の冷たさは尋常ではない。

腰に竹製の魚籠を下げ、四つ手網を手にして川に入っていく。毎年、仕事始めに川へ入る瞬間に、ちょっとした決断を要する。一瞬、弱気の虫をねじ伏せるようにして川に入っていく男の後ろ姿を追って川に入ると、水の冷たさが瞬時にゴム長靴を通してきて、足を凍えさせる。剃刀《かみそり》の山に足を突っ込んだような冷気が、足から全身に這い上ってきて体温を奪っていく。グッと下っ腹に力を入れて耐える。

「長年やって馴れとっても、寒中の水は冷やっこいずら。入りばなが辛《つら》い。一度足を突っ込んで、すぐ飛び出る。いまどきの若いモンは、我慢がきかないで、一度岸に上がったら二度と川に入る勇気がないだ」

男が自嘲気味につぶやく。一度、川に浸ってしまえば、もう覚悟を決めるしかない。浅瀬の川底を覗き込むようにして歩く。空を映して流れる水面が乱反射して、川底がよく見えない。上流側を背にして流れを垂直に見るようにすると、次第に川底の様子が見えてくる。

ザザ虫は、川底の石に棲息している。因みにザザ虫は、清流の川底に棲む水生昆虫の総称だが、かつては食用に捕るザザ虫は、カワゲラの幼虫を指した。しかし、次第にカワゲラの幼虫が少なくなってきて、トビケラやアオムシ、孫太郎虫などの川虫も混じるようになってきた。

カワゲラの幼虫は、別名クロカワムシともいう。水のきれいな川を好み、川底の石の下や、沈んだ葉の間に潜んで、石礫《せきれき》の間を移動している。カゲロウやユスリカなどの幼虫を捕食する肉食性と、水中の藻などを餌にする植物性の二種類があるようだ。エラ呼吸をしている。

幼虫期間は一～三年。春に、川石の上に這い上がって羽化する。そのため、フライ・フィッシングをする人たちに「ストーンフライ」と呼ばれている。毛針もそれに似せて作る。成虫は陸生で、薄い膜性の翅《はね》を広げて、雪解けの川面をかすめるように飛翔する。

因みに、カワゲラは原始的な昆虫で、二億五千年前の古生代の化石が発見されている。

トビケラの幼虫は、別名イサゴムシ。体から絹糸のような細い糸を出し、水中の小石や枯れ草、砂礫《されき》などをくくりつけて筒状の巣を作る。巣の中で蛹になり、羽化は、巣を出て水面の石の上に上がって成虫に変態する。ほかに、アオムシはヒゲナガカワトビケラ、孫太郎虫はヘビトンボの幼虫。カゲロウの幼虫をチョロムシという。

こうしたザザ虫は、岩魚や山女魚など川魚の格好の餌になる。川釣りをする人は、こうした川虫に似せて毛針を作り、餌釣りには、川に来たら川虫を捕って生き餌にする。

川虫を捕るには、冬以外なら川に入って石を剥がすと、裏側に川虫がいる。素手で捕ることもできる。手の平にのせると体をクルリと丸めて動かない。だが、手で大きな石を持ち上げて歩くのは効率が悪い。手馴れた釣り師は小さな網で掬《すく》って歩く。

さらに釣りで生業を立てている地元の職漁師は、ヘチマを縦半分に切ったもので川石を撫《な》で洗うようにして捕る。ヘチマの繊維に脚が引っかかって動けない。餌を大事にする釣り師は、川虫が傷まないように、口で吸い取って餌箱に入れる。餌箱は竹製で、水に浸したスポンジを入れておくとザザ虫が弱らない。元気な餌は釣果に繋がる。

水がぬるむ季節であれば、ザザ虫捕りも川遊び気分でやれる。だが、もの皆《みな》凍る厳寒の季節に、川に浸かってザザ虫捕りをするのはよほどの物好きにしかできない。地元の虫踏み人の多くは、はじめは暮らしのためだった。ザザ虫は値を高く買ってくれるので、仕事が辛くても我慢できた。家の生活の助けに十分になった。一家の主《あるじ》としての男の誇りと、気骨を支えてきた。

しかし、毎年、冬の毎日、ザザ虫を捕っているうちに、余人には分からない秘かな楽しみが芽生えてくる。川を漠然と見るのではなく、いつしか川というものの成り立ちや、自然の生態のようなものが見えるようになってくる。日々、川を見続けるうちに、流れの波紋や、水面に立つ波の形状や、ザザという瀬音などで、川の中や、川底の石など、川の状態が手に取るように見えてくる。淵によっては、流れが下流から上流へ逆流することもある。水中に潜む魚や川虫の様子まで思い描けるようになる。

そうした境地まで達すると、厳寒の川も苦にならなくなる。虫踏みは金儲けのためでもない。広い川底に隠れ棲むザザ虫を相手に、自分の培ってきた知恵と技で立ち向かっていく喜びがこみ上げてくる。ザザ虫に対して敵対関係がなくなり、親近感に似た心境になる。そこまでくると、もうやめられない。歳《とし》を取っても、冬になると一人でに腰が浮いてくる。

「家の者は危ねぇで、もうよせって言うだよ。だが、いまはもう金の欲じゃねぇだ。毎年この時期になると、コタツでじっとしていられなくなるだよ。もうやめようという歳になって、いまごろ面白さが分かってきた。何の仕事でも、真面目にやっていれば奥が深いでね」

どの道も、叩き上げの人間にしか到達できない領域というものがある。それは他人には覗き込むことはできないし、本人も口では説明できない特別な世界が広がっている。名人は、今日も一人で真冬の天竜川に入っていく。吹きさらす寒風も、足から浸みてくる水の冷たさも、虫踏み人としての矜持を支えている。

ザザ虫が潜んでいそうな石を見つけたら、四つ手網を下流側から構えて、カナグツで石を強く踏む。川底の石がかき崩されて水面が砂で濁り、流れに乗って網の目を抜けていく。水が澄むと、網の底に小石に混じってザザ虫が蠢いている。カワゲラの幼虫は、褐色の頭に触覚と鰓《えら》を持ち、細長い体から伸びた四肢で這い回っている。指でつまみ上げると暴れて、頑強な顎で噛みつこうとする。野性の虫は獰猛な本能をむき出しにする。

捕ったザザ虫を腰の魚籠に入れ、次の石を探す。足でザックザック踏み、四つ手網を素早く上げる。だんだんリズムが出てくる。動いていればいくらか寒さをしのげるが、休むと冷えが戻ってきて、歯の根が合わなくなる。厳寒の川で、ドジョウ掬いでも踊るように動き回る。聞こえるのは、ザザという土砂降りの雨のような瀬音だけだ。その耳鳴りのような瀬音が増幅して、特殊なバリアで包まれた異空間に封じ込まれたような不思議な感覚にとらわれる。

腰の魚籠が重くなると、岸に上がって、細かい網を張った選別器に空けて、ザザ虫と川虫やゴミをより分ける。本命のカワゲラの幼虫が年々少なくなり、トビケラの幼虫やほかの川虫が多くなっている。以前は、ほかの川虫を避けていたが、最近は混ぜて量を確保するようになった。昔から食してきたザザ虫の味も、時代とともに少しずつ変わってきている。また、昔の味を知る人も少なくなっている。

信州の伊那地方では、古くからザザ虫を食用としてきた。その起源は定かではないが、江戸時代の文献に、『辺土百姓食べ候物』の「虫」という項目に〝じゃじゃむし〟という記載があり、これがザザ虫ではないかといわれている。当時から普通に食べられてきたようで、食の起源はさらに遡る可能性がある。

一般に、信州はゲテモノ食いの土地だといわれている。それが名誉か不名誉なのか分からないが、ほかの地方にはない独特の食習慣があることは確かだ。ザザ虫以外にも、蜂の子、イナゴ、蚕《かいこ》の蛹、カミキリ虫の幼虫など、さまざまな昆虫類を食べる。

だが厳密にいうと、信州と一口にいっても、北信地方では蜂の子は食べない。またザザ虫は、昔から食べる習慣があったのは上伊那地方に限られ、同じ伊那谷でも、旧中川村以南の下伊那では食べてこなかった。そこからは、狭い上伊那地方とザザ虫の食文化の関係が、単に、海から遠く離れた山国で、動物性蛋白質に恵まれなかったという説明にはならないような気がする。最初に、いつ、誰が、川の中のザザ虫を捕って食べようとしたのか、その食習慣が、どのように地域に広がっていったのか興味深い謎である。

この地方で、ザザ虫捕りがもっとも隆盛を見たのは、昭和二十年の終戦を挟んだ前後で、全国的に食糧難の時代だった。飢えや栄養不足の人が多かった。そんな時代に、ザザ虫は栄養価が高く、食べ過ぎると鼻血が出るといった。とくに病気を持つ人たちから、滋養強壮にすぐれた食べ物として求める人が多かった。これを期に、農家の副業として虫踏みをする人が一気に増えた。

捕ったザザ虫は、その日のうちに佃煮にして、農家の主婦が四、五貫の荷を背負って町へ売りに行った。ザザ虫好きの人だけでなく、病人を抱える家では喜んで買ってくれた。昭和六十年頃の相場で、虫踏み人が、缶詰などの加工業者に卸す値段は、一キロ約四千円。一人が一日に平均三、四キロ捕るから、いい収入になった。

日が傾いて、寒さが一段と厳しくなったところで、漁を切り上げる。岸に上がると、気が緩んだせいか、寒さがさらに強くなった気がする。水温より、外の風の方が冷たい。体がこわばって、手袋をした手の先と、足の指がちぎれそうだ。荷物を片付けて、急いで軽トラックに逃げ込む。真っ先に暖房を目いっぱい上げるが、なかなか暖まってこない。

天竜川の土手を越えた先にある家にたどり着くと、まず服を着替えてコタツに潜り込む。体の骨の髄まで冷え切っているようで、少しも温まらない。コタツの赤い電熱器に手で触っても熱くない。しばらくして、体の毛細血管が動き出した感覚がすると、手足の先が虫でも這うようにむず痒くなって、体温が戻ってくる。それでも、体の芯の冷えがいっこうに抜けない。

少し生気を回復したところで、調理に取り掛かる。捕ってきたザザ虫を、目の細かいザルにあけて水でよく洗って、汚れやゴミを取り除く。この作業が結構骨が折れる。ザザ虫は、触るとダンゴムシのように丸くなったり、反り返ったりする。黒い外被が薄いゴムのようだ。

好きな人は、生きたザザ虫をご飯に混ぜて食べたり、鮨に握ったりする。試しに一匹、口に入れてみると、舌の上でゴソゴソ這い回り、脚のトゲが引っかかる。思い切って噛み潰すと、殻のシャリッとした歯触りのあとに、仄甘い味が広がってくる。正直、特筆するような味はしない。やはり、奇食に属するものだ。

　主に、ザザ虫は佃煮にする。まず、水洗いしたザザ虫を沸騰した湯で下茹でする。茹で過ぎず、素早く冷水にとってもう一度きれいに洗う。ザザ虫は茹でると体が紫色っぽくなる。

　鍋に、水、醤油、酒、味醂、砂糖を入れ、ザザ虫も入れて煮る。鍋の蓋をしないで、中火で煮詰める。水分がなくなったら弱火にして煮詰める。湯気が香ばしく、食欲をそそる。水を使わず、すべて酒で煮ると一層美味しくなるという。

　佃煮は、甘辛い味に仄かな苦味がある。カリッとした歯触りがして、川エビに似た味がする。佃煮にされたザザ虫は、元の姿を忘れさせる。生のザザ虫を見て腰が引けた人も、箸を持つ勇気が出てくる。一度食べたら、病み付きになる。酒の肴に絶品。佃煮の缶詰も市販されていて、いまでは高価な高級珍味になっている。

　佃煮にしたものを、ご飯に炊き込んでザザ虫ご飯にする。ご飯が赤茶色に染まり、ふっくらしたご飯に味が染みて美味しい。ときどきカリカリとした歯触りがあり、香ばしさと甘辛い風味が広がってくる。

　佃煮にするほかに、一度茹でてから冷凍保存して、いろんな料理に使う。天ぷら、唐揚げ、ザザ虫丼。最近は、チーズやケチャップと一緒にピザトーストにする人もいる。香ばしさが加わって美味しい。

ザザ虫は栄養が豊富で、食べ過ぎるとたちまち太る。食べてしばらくすると、女の人は指輪が抜けなくなるという。

そんな戯れ言を笑って聞き流して、その日の宿で眠った翌朝に目覚めてみると、外し忘れた腕時計が腕に食い込んで、赤ん坊の手のように二段に膨れていた。改めて、ザザ虫の滋養の高さに驚かされた。これなら、ザザ虫を食べた人はきっと、厳しい冬を乗り越えられる活力と、病気に打ち勝つ体力が湧いてくるに違いない。そうした、水生昆虫の生命エネルギーこそが、神秘の霊薬にほかならない。

ザザ虫は、厳寒の川底に棲み、春にカワゲラやトビケラなどに変態する。羽化したカワゲラやトビケラ、カゲロウは、日の光を翅に受けて、透明な肢体をかすかな黄金色に輝かせながら、水面をかすめるように飛び交う。その光景は幻想的で美しい。

かつて、川は生きていた。水量豊かな清流がそこここにあり、太陽の光が水中の藻を育て、その藻や、そこに潜むユスリカなどの幼虫をカワゲラやトビケラの幼虫が食べ、カワゲラやトビケラを鱒《ます》やウグイ、岩魚などの川魚が捕食する。また、その魚をカワセミなどの鳥が狙う。その食物連鎖の間に、人間の暮らしがあった。

「天竜川のザザ虫も、めっきり少なくなっている。あと何年やれるかな。ザザ虫が捕れなくなるのが先か、こっちが歳を取ってやれなくなるのが先か、分からないずら」

浮腫《むく》んだ腕を撫でながら、虫踏み人のつぶやきが蘇る。耳の奥ではまだ、ザザという川の瀬音がノイズのように響いていた。

【ザザ虫の民俗学的考察と独断的私見】

信州上伊那地方でザザ虫というのは、カワゲラやトビケラの幼虫を差す。カワゲラは、積翅《せきし》目《もく》の昆虫の総称。主にカワゲラを差し、日本では約二五〇種が確認されている。

積翅《せきし》というのは、翅を背面に水平に積み重ねるようにしてたたむところからきている。成虫は、薄い膜性の二対の翅を持ち、空中を飛翔する。ほとんどの種で、前翅より後翅の方が広い。水辺の草などに止まると、前翅を後翅の上に重ねてたたむ。セッケイカワゲラやトワダカワゲラなど、翅を持たない種もある。変異が多い。

ザザ虫と呼称される幼虫は、水生で、体形は成虫とほぼ同じだが翅は持たない。胸部に気管エラを持ち、水中の酸素を呼吸する。カゲロウやユスリカなどの幼虫を捕食する種と、水中の藻など植物性のものを餌にしている種とがある。その違いは、幼虫の口器を見ると分かる。

ザザ虫は、水のきれいな清流を好み、汚れた川には棲めない。水が澱むと、肢《あし》を忙しく屈伸させて水を攪拌して鰓《えら》に新鮮な水を送ろうとする。川底の石の裏などに巣を張る幼虫は、春に羽化するが、蛹の期間を経ずに成虫になるため、「不完全変態」と呼ばれる。

ザザ虫は、カワゲラの幼虫が少なくなってきたことで、トビケラの幼虫が混じるようになった。トビケラは、毛翅目の昆虫の総称で、ほとんどの種の翅が細かい刺毛に覆われている。日本では約四百種が棲息している。

幼虫は、水中の小石や枯れ草などを糸で絡めて、筒状の巣を作る。体がぴったり入る大きさで、ミノムシのように体半分を出した形で水中を移動し、餌を捕る。巣は移動できる「携帯型」と、固定して網を張り、引っかかった餌を食べる「造網型」があるようである。幼虫の巣の中で蛹になり、羽化は、巣を切り開いて水面まで泳いで上がり、石の上で成虫になる「完全変態」が多い。水生昆虫は、棲息環境に適合しながら個々に生き延びてきた。

かつて、川がきれいだった時代には、ザザ虫はどこの清流にもいた。ザザ虫が多い川には魚も多かった。川を巡って、絶えず命の循環が繰り返されてきた。山国の流域に暮らす人たちもまた、川に生かされてきた。ときに暴れ川に豹変する河川に寄り添いながら、さまざまな恩恵を享受してきた。川から水を引き、田畑を潤し、川魚を捕り、何もない冬はザザ虫を捕って食べた。ザザ虫は栄養満点で、貴重な蛋白源でもあった。ザザ虫が捕れる川は、生態系が正常に機能している証でもある。

ザザ虫は、厳寒の冬に、川底の石に棲息するため、捕るためには人間も川に浸かって漁をしなければならない。マイナス十度以下に下がる厳寒の川での漁は過酷だったが、川に依存しないと生きていけなかった。捕ったザザ虫は、地元で食べる以外に、佃煮にして近隣の町まで行商に行った。買い求める人が多く、冬の貴重な現金収入になった。

かつてザザ虫を食す習慣は、信州の上伊那地方に限定されていた。同じ信州でも他地域ではザザ虫をゲテモノ扱いする。だが、ほかの土地では、ザザ虫は食べないが、蜂の子や繭子《まゆこ》、カミキリ虫の幼虫などを食べる。その土地によって、独特の食文化が育まれてきた。とくに、昆虫が持つ薬効が秘かに注目された。因みに、以前は伊那ではあまり食べなかった孫太郎虫は、子どもの疳の虫に効くといわれ、富山の薬行商人の手で全国に広まった。富山の薬売りは、訪ね歩く得意先で、子供の疳の虫の特効薬としてザザ虫を出した。

川虫は、一般的には奇食、悪食《あくじき》の部類に入れられる。アクショク、イカモノ、ゲテモノなどと蔑称される。悪食は、普通一般には食べないもの、仏教では禁じられている獣肉や、ニンニクなど匂いの強い食べ物を差す。だが、悪食として差別される食習慣は、本来、地域差があり、民族によっても価値観が異なる。

私自身も、いままでイモリやカタツムリ、トンボ、カエル、イナゴ、セミ、オタマジャクシなど、さまざまなものを食べてきた。タイの国では、カエルの皮や、オオクワガタほどもあるタガメを茹でたものを、街角で当たり前のように売っている。熱帯の国では昆虫食は珍しくない。ある国では、ヒルを牛の体に張りつかせて血を吸わせ、丸々肥ったヒルを茹でて食べる。

そうした食の原点に帰れば、悪食は、単に民族的、風土的な通念からちょっとはみ出した食べ物に与えられた尊称ともいえる。最近は、昆虫食が世界的な食糧危機を救うという説も囁《ささや》かれている。

ザザ虫をはじめ、各地に伝わる昆虫食の伝統食を、もう一度見直す必要がある。ザザ虫を復活させるためには、川を昔のように蘇らせなければならない。山も、空気も、自然が豊かでなければならない。そこでは、人の暮らしも、きっと満たされたものになるに違いない。

イナゴ

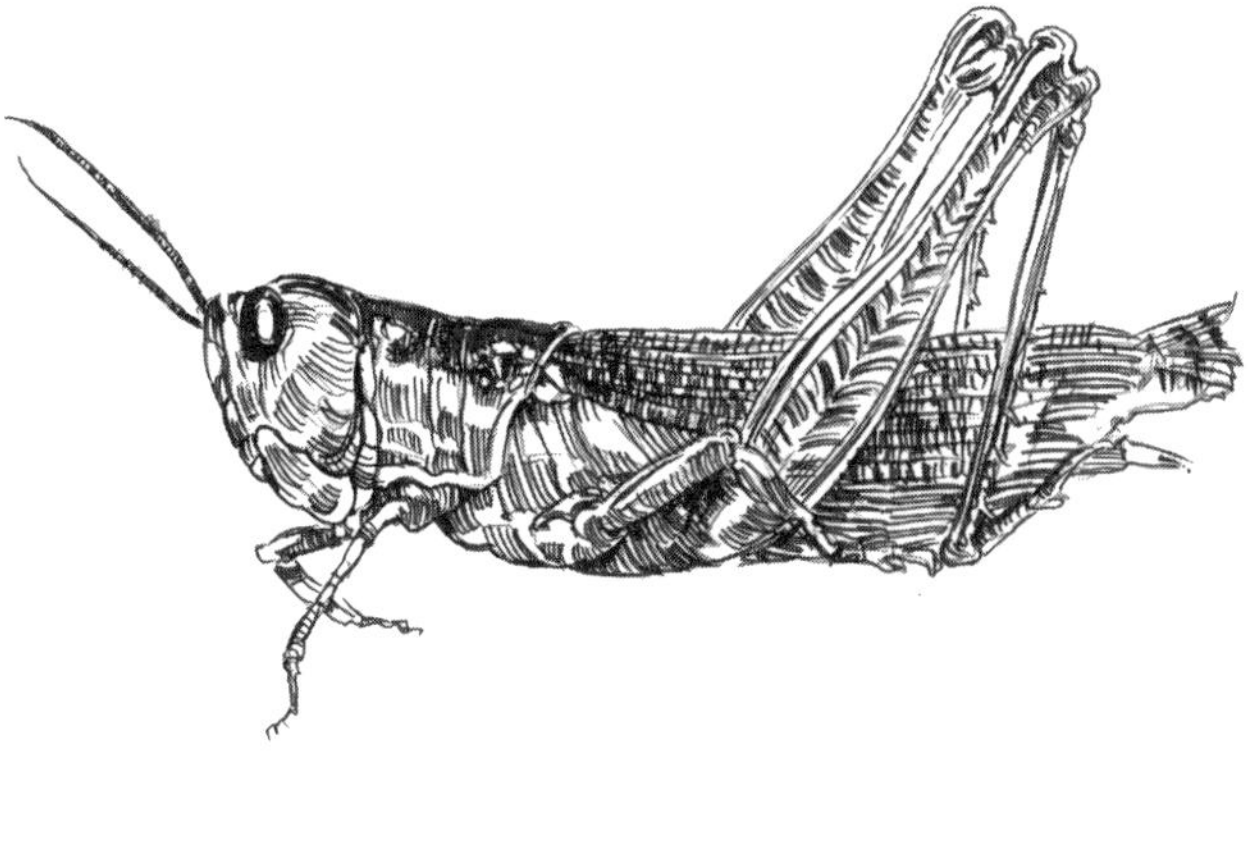

天高く、吸い上げられそうな晩秋の空の下、数人の男が野山を闊歩する。男たちは、いずれも五十路をすぎた中年で、白髪頭もいれば、太鼓腹もおり、ハゲた男もいる。だが、この日ばかりは歳を忘れて、ふらつきながらも足は軽い。弾んだ声が空に吸い込まれていく。

所は、房総鴨川の名勝、大山千枚田の賑わいをよそに、その奥山の懐にポツンと開けた隠田のような、壺中《こちゅう》の天地。山間の底に、湧水のせせらぎや小沼が点在し、それを囲むように稲穂が実る棚田が広がっている。田の畦や水辺には、葦《あし》やガマの穂が風にそよぎ、野鳥や昆虫が飛び交っている。小川や湿地には、タニシや、メダカや、カエルや、イモリや、ゲンゴロウなどが泳いでいる。

この時代から取り残されたような桃源郷は、ここに住む老夫婦が、昔ながらの自然農法を実践している自農地で、丹精して古代米の赤米を作っている。種籾《たねもみ》は直播《じかま》き、化学肥料や農薬は一切使わない。雑草もほとんど刈らず、自然のあるがままに放置されている。

やってきた男たちは、手に手にバケツや虫取り網、七輪、炭、食器、焼酎などを持ち、意気揚々と土手を駆け下る。今年も、なかば恒例行事化しつつある「野天の宴」が始まろうとしている。

食材は、ここに〝放し飼い〟にされている昆虫たち。今日は主に、イナゴ料理がメインディッシュになる。単なる悪食趣味ではない。過ぎ去りし昔の郷愁と同時に、昨今の、農薬や添加物漬けの食品、また無節操な食い散らかしの美食、飽食三昧の風潮を怒り、憂いるあまりの、ささやかな抗議と抵抗でもある。

中年男たちの子どもの頃は、学校がはねると日が落ちるまで野外で遊んだ。トンボやチョウを追い、カブトムシやクワガタを捕まえ、イナゴやバッタを捕って遊んだ。捕ったイナゴは、家に持ち帰って食べた。市街地の家でも、イナゴは朝市などで売っているのを買って食べた。食糧難の時代では、イナゴは飢餓食であると同時に、貴重な蛋白源でもあった。また、イナゴはかつて、稲を食い荒らす害虫として農家に嫌われ、害虫駆除を兼ねて大量に捕獲できたことから、需要と供給が一致した結果でもあった。

「昔は、虫取り網なんか買ってもらえなかったから、古い手拭いを縫って作った。野球のグローブも、おふくろが端切れに綿を入れて縫ってくれた。それでも、貧しいとか思わなかった。楽しかったな」

白髪頭が、自分で作ってきたという手拭いの虫取り網を、空に突き上げた。ハゲ頭は、駄菓子屋で買った子どもの虫取り網を手にしている。

田の畦を、網を構えて歩く。化学肥料を使わない赤米は、生育に時間がかかり、刈り入れが遅い。ほかの田では稲刈りが終盤にかかっているのに、ここでは実を肥らせ始めた稲穂の丈が低く、まだ青々としている。わざと、こまめには草刈りをしない畦の草が稲に追いつこうとしている。

足元の草の中から、イナゴが弾かれたように飛び出し、キチキチと羽音を立てる。足を踏み出すたびにイナゴが跳ねる。それを網で追う。中年男たちは、反射神経が衰えたのか、網を出すタイミングが合わない。振り降ろした網が空を切り、上からかぶせた網が草に絡まって、隙間から逃げられる。

「網は上からかぶせちゃ駄目だ。イナゴが跳んだときに素早く横から掬い捕るのがコツだ!」

「待ってちゃ遅いんだ。イナゴの動きを読め!」

好き勝手なことを言いながら、目は真剣にイナゴを凝視する。最初は、四方八方に飛び交う群れに惑わされるが、次第に跳び方のパターンが分かってくる。

イナゴは翅《はね》があっても、トンボやチョウのようにそう遠くまでは飛べない。ブリキ玩具のセミのように、ピシッと長い脚で蹴って高く跳躍すると、翅を広げて飛んでいく。しかし、危険が差し迫っていないときは、それほど遠くまで飛ばない。とくに、人が近づいていくと、草間から跳び出して、せいぜい二、三メートル跳んだら着地をする。

これは、仲間のバッタも同じで、アフリカやアジアの国々で、バッタの大群が空を覆うように飛んできて、農作物を全滅させる「飛蝗《ひこう》」が知られるが、これは群れ飛ぶことで一種のエアポケットのような空間を作り、互いの飛翔力を高めながら、風に乗って長距離を飛んでくるらしい。

つまり、イナゴもバッタも、個体ではそう遠くへは飛べないのだ。その敵の習性を掌握すれば、冷静に一匹ずつ狙いをつけて網を出せば捕獲できる。宙に跳んでいる間に横から素早く網で掬ってもいいし、着地したところに網を伏せてもいい。網をかぶせたら、外から手でわし掴みにしておいて、網を返して捕る。素早い動作と、網の操作にコツがある。田舎育ちの中年男は、すぐに手が思い出す。

イナゴを掴み捕ると、強い脚で蹴る。それでも逃げられないと思うと、強い顎で噛みついてくる。子どものときは手の皮膚が薄かったので、噛まれると痛かったが、風雪に耐えた中年男の手の平には、むず痒いような感触でしかない。イナゴは、必死でもがいた果てに、醤油のような〝切《せつ》な糞《ぐそ》〟を漏らす。舐《な》めると、本当に醤油のようにしょっぱかった。あれこれと、昔の記憶が甦《よみがえ》ってくる。未知なるものへの好奇心と、汚れなき残酷性に満ち溢れた子ども時代へと、時間が巻き戻っていく。

捕まえたイナゴに顔を近づけると、大きな複眼で睨《にら》み、大顎で噛み付いてくる。敵に媚《こ》びず、強い意思を誇示している。ちょっと手をゆるめると、その瞬間にピシっと弾けるような強さで、宙に跳んで逃げる。その姿は、子どもたちのヒーロー、仮面ライダーを彷彿とさせる。

そうなのだ。仮面ライダーはバッタだった。バッタの驚異的な跳躍力を身につけた仮面ライダーは、自然の象徴であり、敵対するショッカーは、自然を破壊する公害などの悪を表している。子どもたちは、そのことを肌で知っているから、仮面ライダーが大好きで、イナゴやバッタが友達なのだ。

イナゴは、大きいものだと体長五センチほどある。中型はメスが約四センチ、オスはそれより小さい。ときどき草の上で、大きいイナゴの背中に小さなイナゴが乗っているところを見かけるが、それがオスメスが交尾をしている姿だ。

普通、大きいイナゴは、体色が緑色と褐色が混じって、全体が黒っぽく見えるが、小さいイナゴは全体がきれいな緑色をしている。ただ、生態学的には、体色は生息環境に合わせた保護色で、地域差があるようだが、相対的に見て、群れの密度が濃いと黒っぽくなる傾向があるようだ。

イナゴは、頭が大きく、触覚は糸状で短い。トンボと同じ複眼で、周囲がグルリと見える。

だから、後ろからそっと近づいても、とっくに気がついていて、すでに跳躍体勢に入っている。手で捕まえようとしても、触れる直前に宙に跳んで逃げる。

昆虫の中でもとくに後脚が発達していて、強いバネ力で跳びはねる。捕る側にも、敵の裏をかく戦略が要求される。イナゴの頭の位置から跳ぶ方向を予測して網を出す。また、宙に跳んだ状態に、無防備な瞬間が生まれる。そこを電光石火に網でさらう。瞬発力がものを言う。

生け捕ったイナゴを袋に入れながら、目はもう先を見ている。だんだん調子が出てきて、動きがサマになってくる。草の陰から跳び出してくる虫を片っ端から、電光石火に掬い捕る。イナゴやバッタに混じって、ウマオイやコオロギ、キリギリス、ガチャガチャ（クツワムシ）にオケラまでいる。

オケラは、背中を持って、「〇〇ちゃんのチンポはどれくらい？」と聞くと、「これくらい！」と答えるように両前肢を目いっぱいに広げる。子どものたわいない遊びだった。昔はみんな、子どもだった。

意外に強い秋の日差しに鼻の頭が赤くなる時分に、持病の腰痛が出て、イナゴ捕りを切り上げる。そろそろ、自分の腹の虫が騒ぎ始める。

日が差す土手に腰を降ろし、持ってきた七輪に炭を熾す。イナゴは、捕りながら少し溜まったら別の網袋に移しておいた。本来なら、イナゴを生きたまま網袋に入れて一日、木などに吊るしておき、糞を出させてから料理をするが、今日は時間を省略する。糞は、ちょっとした苦味があるが、特別汚くはない。

捕ってから数時間を経て、イナゴはまだ糞を出し切っていないが、かまわず調理にかかる。網袋からイナゴを摑み出して翅をむしり、硬い脚を折る。まずは、大きめのを選んで竹串に刺して、炭火で串焼きにする。醬油を塗りながら焼くと、香ばしくて美味しい。昔は、親父の晩酌の肴になり、子どものおやつにもなった。

塩炒りは、七輪にのせた鍋に、イナゴを放り込んで蓋をする。バッタもイナゴの仲間。一緒に鍋に入れる。種を明確に分類することもあるが、呼び名の違いを有名無実化されている節もある。また、食べるに特段の違いはない。

鍋の中でカツカツと鉦《かね》を打つように跳びはねていたイナゴやバッタが、やがて静かになる。それを待って、箸でかき混ぜながら塩を加えて、ゆっくりと炒る。炒り上がったところに、待ちきれない手が出てくる。

まだ熱いのを口に入れると、香ばしい味が広がる。殻がカリッとして歯触りがよく、小海老に似た食感がある。程よい塩味がきいて美味い。昔の人は、イナゴを「オカエビ」と呼んで、好んで食べた。

細かい鋸歯《きょし》がある脚が口に引っかかるが、構わずガリガリ噛み砕く。歯のない年寄りは食べられない。昔の子どもは、硬い殻も平気で食べていたから、歯も顎も骨も丈夫だった。

最後に、佃煮を作る。イナゴを熱湯にサッと通し、トゲのある跳び脚と翅をむしって鍋に入れたら、少量の水に醤油と砂糖で味をつけて煮詰める。水飴を加えると味に深みが増す。酒も少し加える。

焦がさないようにかき混ぜていると、仄甘い匂いが腹の虫を刺激する。佃煮にされたイナゴは、煮詰まった醤油と砂糖の照りが出て、見た目にも食欲をそそる。

もう我慢が限界に達する。佃煮は少し冷ました方が味が馴染むのが待てず、試食と称してあっちからこっちから手が伸びてくる。急いで口に入れると、口にくっついて火傷しそうになる。ハフハフ言いながら噛み砕く。香ばしさと、甘辛い味が口内をむず痒くする。一年ぶりのイナゴの味を堪能する。子どもの頃によく食べて、今の丈夫な体を作ってくれた元を再確認したような喜びがこみ上げてくる。我らはみな、イナゴで育った世代だった。それにしては、みんな脚が短く、跳躍力も弱い。白髪頭が、イナゴの硬い脚のカケラが、歯に挟まったといって騒ぎ出した。

かつて、庶民の家ではよくイナゴの佃煮を作って食べた。農家に限らず、町方の家庭でもよく食べた。朝市などに行けば、生きたイナゴも売っていて、それを買ってきて自分の家でも作った。在郷《ざいごう》の農家が朝捕りして朝市に持ってくるイナゴは人気がある。

朝露が残る早朝に捕ったイナゴが、一番美味いといった。これは、朝が早いと、腹に糞が少ないからでもあったが、草につく瑞々しい露の玉を吸ったイナゴは、体の色が艶やかで、見た目もきれいだった。

イナゴは、糞を出させたあと、焙烙《ほうろく》やフライパンで炒って食べた。イナゴの佃煮は、日持ちがするので作り置きした。急場の酒の肴に出したり、子どものおやつにした。目先を変えてご飯に炊き込んだり、蒸し団子の具に入れたりした。から炒りしたものを擂《す》って粉にしたものをご飯のふりかけにした。汁に入れると風味が増した。小麦粉に混ぜて団子にもした。

また、硬くて食べにくい脚を選って、擂り鉢でよく擂り潰し、味噌と合わせて、イナゴ味噌を作った。滋養に富み、ご飯も進んだ。婚家の姑が、赤ちゃんができた嫁に、「赤ん坊のために、栄養を摂《と》らなきゃいけんよ」といって食べさせた。嫁は、孫しか頭にない姑に、怒りを覚えた。

若い嫁は、最初は嫌々ながら食べたが、子どもが育ち盛りの年頃になると、「骨が丈夫になる」とか、「足が速くなる」といって、積極的に食べさせた。イナゴやバッタは、栄養満点であるだけでなく、その優れた跳躍力への素朴な憧れが重なっている。

昔の人は、心臓が悪いと獣の心臓を食べ、肝臓の持病があると肝臓を食べた。眼病には獣や昆虫の目玉を飲み、足が悪いと跳躍力の強い動物の部位を食べて、その力を体内に取り込もうとした。その深層には、人為を超えた自然界の、底知れない生命エネルギーに対する拭いがたい畏敬の念がある。それだけ、自然と、人間の暮らしが近かった。

イナゴやバッタは、日本の内陸部の村々で、不足がちになる蛋白質やカルシウムの補給のために食べられた。とくに、戦中戦後の食糧難の時代は、イナゴやバッタを食べて飢えをしのいだ。

世界的にみても、昆虫を食べる民族は多い。旧約聖書（レビ記）にも、昆虫食を禁じる一方で、四種類の昆虫だけは食べてもいいとされ、それが、日本語では「イナゴ」の類、と訳される。人は、命の究極に際して何を食すか。全能の神でも迷う。

野天の宴は、酒が入って佳境に入ってきた。イナゴ、バッタを食い、酒を飲んだ。草むらにドッカと腰を下ろしていると、いろんなものが集まってくる。さっきまで追い駆けなければ近づけなかったイナゴやバッタが足元でピョンピョン跳ねる。ウマオイやコオロギもやってくる。頭と尻を尖らせたショウリョウバッタが膝に止まる。ショウリョウバッタは「精霊バッタ」。旧暦の八月、または九月の盂蘭盆《うらぼん》の精霊祭の頃に、死者の霊がこのバッタに化身して家の周りに帰ってくるといって、殺生を忌む。脅かさずにそっと野に帰す。

頭上をシオカラトンボや赤トンボが飛び交い、池からはガマがのっそりと這ってくる。それを狙っていたのかどうか、草むらからアオダイショウまで滑り出てきた。「食っちまえ！」と、誰かが吠えた。ますます宴は、収拾がつかない状態に陥っていった。

【イナゴの民俗学的考察と独断的私見】

イナゴやバッタは、人類にとって害虫という立場に置かれている。とくに稲作にとっては忌み嫌われてきた。だが、その一方で、どこか親しみの感情も捨てきれない。

そこには、「一寸《いっすん》の虫にも五分《ごぶ》の魂」という、仏教の影響があるのかもしれない。一草一木に生命が宿るという自然崇拝と、人間は死して輪廻転生によって、来世はイナゴやバッタ、ミミズに生まれ変わるかもしれない。自分だけではない。いま足元にいる虫が先祖かもしれないと思うと、無慈悲に殺すことにためらいがある。

イナゴもバッタも、直翅目バッタ亜目に属する昆虫で、分類が曖昧だが、地域によっては明確に区別する。

イナゴの和名は「稲噛む」の意で、「稲子」とも書く。稲を食べる習性を表している。別に「稲虫」は、稲作の害虫の総称で、イナゴのほかにバッタやウンカなども含む。

一方、バッタの和名は、バタバタと跳ねる音からきているとされる。古書には、「飛ぶときは翼、股に触れて声あり、故にバタバタと名づく」とあり、鳴く虫とも思われてきた。実際には、翼（翅）をすり合わせるのではなく、後脚のつけ根のギザギザの部分をこすり合わせて音を出しているらしい。脚のギザギザは刃のように鋭く、ちょっとしたノコギリの役をする。

イナゴの成虫は、夏から秋に現われ、秋遅くに地中や、イネ科の植物の根際に産卵する。卵で越冬して、春に孵化し、脱皮を繰り返して成虫になる。

バッタは、「飛蝗」。とくに大顎が発達し、植物の葉をかじって食べる。イネ科の植物を食べるが、フキやクズなども食べる。カワラバッタは、昆虫の死骸を食べる。日本のバッタは、普通冬には成虫が死んでしまい、卵で越冬するが、トノサマバッタは年に二回、成虫になるようだ。

イナゴは、ときどき大発生して稲を食い荒らすので、水田地帯で恐れられた害虫である。

「蝗」の字が当てられることもある。しかし「蝗」は日本でのイナゴを指すのではなく、ワタリバッタが群生相になったものを表し、大軍を成して集団移動する現象を「飛蝗」と呼び、これによる災害を「蝗害」と呼んだ。また、ウンカやイモチ病の害も「蝗害」といった。

因みに、飛蝗の主であるトノサマバッタやトビバッタの種類は、一般に孤独相と群衆相に分かれる。普段は、褐色の目立たない姿で単独で暮らしているが、大雨などによって緑の草が繁茂すると、産卵を繰り返して急激に数を増やすといわれる。この時期のバッタの若虫は、色鮮やかな体色をしている。活発に動き回り、成虫になると新しい餌を求めて一斉に飛び立っていく。

バッタの大軍に襲われた被害は甚大で、農作物や森林の緑は食い尽くされて壊滅状態になる。そのため、中国では、「治水」、「治山」、「治蝗」の『三治』を、国を治める条件とした。日本では、イナゴやバッタ、ウンカなどの害虫駆除には、田んぼに鯨油や菜種油などを流す方法が有効とされた。水田に落ちた虫は、油膜で気管を塞がれて窒息死する。

農村では、「虫送り」という年中の行事があった。主にウンカの撃退を目的にしたもので、毎年六、七月の夜に村総出で行った。害を成す虫の霊を封じ込めた藁人形に松明を連ね、鉦や太鼓、法螺貝《ほらがい》を打ち鳴らして田んぼ道を村境まで練り歩き、藁人形に火をつけて川に流す。

ウンカは、別名「実盛虫」と呼んだ。平維盛《これもり》の家臣、斎藤別当実盛が、田んぼに追い詰められて壮絶な死を遂げ、その怨霊がウンカとなって稲を食い荒らすと信じられた。実際にウンカをルーペで拡大して見ると、鎧を着た武士の姿に似ている。怨念を秘めたような不敵な面構えをしている。大地から育つ作物も、地中から湧く虫も、自然の采配に委ねるしかないことで共通している。

しかし、そうした旧習を迷信とばかりに扱えない。夜の暗闇に松明を立てて回るのは、火に集まってくる虫を炎で焼き殺すに有効だった。また鉦や太鼓、法螺貝の音の振動は静寂を揺るがし、その音の衝撃によって、小さな空気の振動を求愛の波長にしている虫の脳波を麻痺させ、稲穂の先から落ちて水に溺れ死ぬ。油が流してあれば、さらに効果があった。昔は、鯨油が一番安価だったので、田んぼの害虫駆除に使われることが多かった。

かつて、農薬を使わなかった田畑には、イナゴやバッタなどの虫がたくさんいた。ときには大量発生して農民を苦しめてきた。しかしその一方で、人間はイナゴやバッタとうまく共存してきた。イナゴやバッタを害虫扱いしながらも、古くから庶民の食べ物として親しまれてきた。古書には、「野人、農児はこれを炙って食べる。味は香ばしくて美《よ》い」とあり、また「炒テ食ヘバ味甘シ」といい、イナゴを「オカエビ」と称して天ぷらで食べた記述がある。ほかにも、

「イナゴを串にし、醤をつけて焼きて之を売る。春の物也。また童子の買多し」とあり、主に子どものおやつにしたようだ。

あの「昆虫記」で有名なファーブルも、幼少時にイナゴの股の肉を生で噛んで食べたといい、味はエビやカニに似ると告白している。また、アメリカの動物学者で、来日して日本の人類学、考古学の基礎を作ったエドワード・モースも、埼玉県川越で、イナゴを食べ、「小エビに似た味で、おいしかった」と書き残している。モースは、イナゴを少量の水に醤油と砂糖で煮つめて食べたというから、一般的なイナゴの佃煮だったようだ。

バッタは、古代アラブの国々でも、主要な食糧源として、焼いたり、煮たり、塩漬けにしたり、干物にしたり、蒸したりして食べたようだ。

バッタの捕り方は、バッタの移動時期に集まったところで火を焚き、煙に巻かれて落ちてくるバッタを捕らえた。バッタの干物や塩漬けは、自分で食べるほかに、広く流通されていたようで、彼らはイスラム圏では「バッタを食べる人々」と呼ばれていた。

人間の〝食う〟という行為に対する執念や、美味を追求する貪欲なまでの嗜好性は、尋常ならざるものがある。そして、その飽くなき生存本能こそが、人類の進化の根源といってもいい。

槌鯨

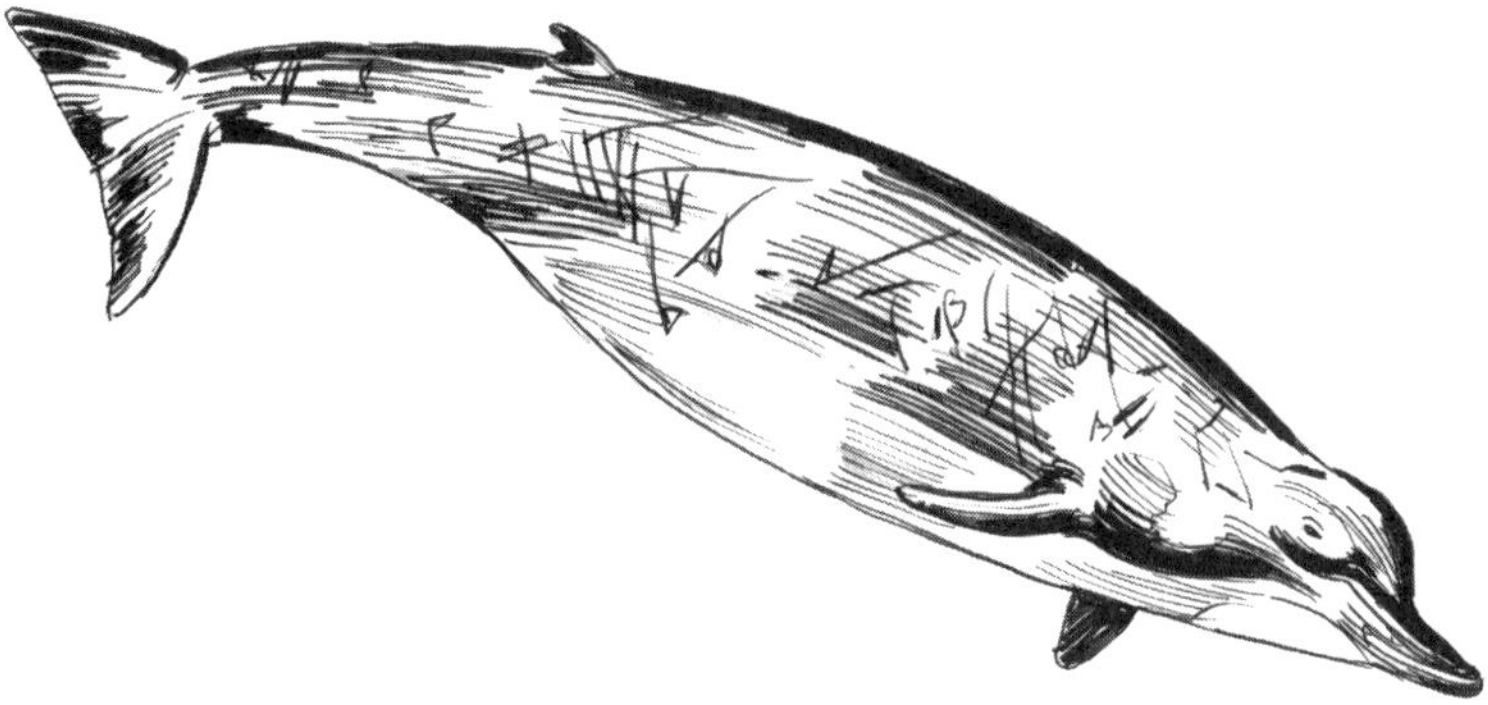

鯨《くじら》を追っていた純友丸が、急激に船足を落とすと、途端に激しいうねりに飲み込まれた。舳《へ》先《さき》が空に向かって突き上げたと思うと、一気に落下して波に叩《たた》きつけられた。

甲板に立っていられず、投げ出されるように手すりにしがみつくと、船首の捕鯨砲の前で微動だにしない砲手の後姿が目の端に入った。黒い上下の作業服を着た砲手は、両足を広げて腰を落とした姿勢で、五十ミリ捕鯨砲を構えたまま、視線は遠い波間に注がれている。捕鯨船の砲手は、仲間内で〝鉄砲さん〟と、親しみを込めて呼ばれる。

乗組員は七人。誰もが無言で、時間が静止したように立ち尽くして海の彼方を見つめている。トップと呼ばれる高さ八メートルの見張り台に立つ二人は、右に左に激しく揺らされながら、波濤《はとう》の彼方を凝視している。肌がささくれ立つような緊張感が漂っている。

捕鯨船は、房総和田浦漁港をまだ夜が明けきらない早朝四時に出航し、時速十七ノット（約三十一キロ）で疾走してきた。房総半島沖合三十キロに〝鯨道〟がある。鯨道は、野島崎から銚子沖にかけて、鯨が繁殖地と餌場を往復する回遊コースで、小型のツチクジラがしばしば群れを作っている。

ツチクジラは、北半球に棲息するクジラで、体形が細長く、イルカのように口吻《こうふん》が長い。藁を打つ槌《つち》に似ていることからその名がある。

日本では古くから捕鯨の対象とされ、国際捕鯨委員会（ＩＷＣ）の対象外になっている。現在、日本では、独自の自主規制による頭数制限に従って漁をしている。

年間の規制頭数は六十数頭（一九九九年）。千葉、宮城、北海道に捕鯨基地がある。各捕鯨業者が、それぞれの割り当て頭数を厳格に守っている。各自が、捕鯨の存続に強い危機意識を抱いている。

房総の捕鯨会社には、今年八月三十一日までの漁期に捕獲できる数は二十六頭と決められている。漁期が切れるまでわずかしか残っていない。乗組員たちが気が立っているように見えるのは、漁に向かう緊張感と、焦りが入り混じっている。

純友丸は、四十トンの小型捕鯨船で、鯨を追尾する速力アップのために、改造してある。一方、船足が速くなった反面、船体が軽くなって揺れが激しくなった。

船は、全速力で内湾を突き抜けると、波荒い外洋の只中で速力を下げた。目の前の大きなうねりの先に、鯨道が隠されている。

夜が明けると、真夏の太陽がジリジリと照りつけ、赤銅色の漁師たちの顔に汗がしたたり落ちる。胃が上下する波のうねりの中で、男たちは微動だにしない。出航してから、すでに七時間が経過している。鯨の姿はまだ見えない。鯨の見張りは、船長も砲手も、料理番のカシキもない。乗組員全員が、目を剥《む》いて波頭の先を睨《にら》んでいる。

時が流れていく。乗組員に少し焦りが出ている。鯨の第一発見者には報奨金が出る。だが、漁師は沖に出て漁が出来ない方が、蛇の生殺し状態で辛い。

「ケーフク(潮を吹いた)!」

トップに立っている男が叫んだ。甲板に立つ男たちに、電流のような緊張が走る。全員の目が一点に注がれている。

「ストレー(直進)!」

第一発見者のトップの指示で、船首の向きが変わり、海面を切り裂いて走り出す。

「スターポール(右に舵を取れ)!」

矢継ぎ早に指示が飛ぶ。その声に呼応して船は右に左に舵を切りながら疾走する。船は船底で水面を激しく蹴って、船体がギシギシと不気味な軋《きし》みを上げる。やがて、前方の紺碧のうねりの中に黒い影が視界に捉えられた。五、六頭のツチクジラが群れで泳いでいる。

ツチクジラは通常、三〜十頭程度の群れを作って行動するが、まれに五十頭くらいの群れが観察されることがある。体長は十二メートル前後で、メスの方が少し大きい。体重は大きいものは約十トンを超える。群れが泳ぐと、水面が盛り上がって大きいうねりを作る。

「ベリースロー（微速）！」

初めて、砲手の声が上がる。鯨までの距離はおよそ五十メートル。まだ、射程距離に入っていない。

ツチクジラは、神経質で臆病な動物で、聴覚が発達している。船の位置を先に気づかれてしまうと、いち早く海に潜ってしまう。ときには五十分近くも潜ったままで、どこに浮上するか予測が難しい。

鯨と、捕鯨船との駆け引きが始まる。野生の本能と、経験に裏打ちされた知恵の勝負だ。捕鯨船は鯨に対して、「イの字型」（斜め後方から）、または「Tの字型」（真横から）に接近するのがいいとされる。

さらに、船の速度を徐々に減速していく。船音が徐々に小さくなれば、船が離れていくような錯覚に陥る〝可能性〟がある。船の音が一定だと思わせるのも戦術の一つ。その場を動いていないと思うことで、警戒心が弱くなる〝可能性〟がある。漁師は、過去の口伝や経験を元に、さまざまな〝可能性〟に賭ける。

鯨を見つけたら、あとはすべて砲手の判断に委ねられる。その重圧は限りなく重い。経験と、冷静な判断力が要求される。

純友丸の砲手は、この道三十数年の筋金入り。大型捕鯨船の砲手として二十七年間、南氷洋からペルー、北洋を股にかけてきたベテランで、一度引退したあと、縁があって小型捕鯨船の砲手を務めることになった。それでも、射程距離の見極めにはいつもかすかな躊躇《ためら》いが頭をよぎる。

「射程距離に入れば、百発百中で命中させる自信はある。しかし、万一はずせば、群れを全部逃してしまう。また、はじめから別の群れを探さなければならない。会社にも仲間にも迷惑がかかる。責任が重い」

また、例え命中させても、急所をはずせば鯨が暴れて、モリが入った部分の肉が五十キロ、百キロも傷んでしまう。今日のように、捕鯨枠が規制されている状況では、できるだけ効率よく仕留めることが求められている。

捕鯨砲は、船首に固定されている。円錐形の鋼鉄の台座の上に、方向を自在に変えられるクランク・シャフトに二メートルほどの角形の銃身が乗っている。銃身の上部に、狙いを定める照門と照星がある。銃身の後方に、バネ式の引き金がある。

銃口からは重い鋼鉄のモリが装着されている。モリは、先端が平らな平頭モリ。元の部分に四本の鉄のツメがあり、いまはすぼめて細い縄で縛ってある。モリが鯨に刺さると、ツメが傘

ツチクジラは群で行動する。一頭獲られても逃げない（写真＝飯田裕子）

のように開いて抜けなくなる。モリは、太いロープがつないであり、ロープが何重にも巻かれて船首の籠に納めてある。

砲手が、腰を落として捕鯨銃の引き金に手を添える。オートバイのスロットルのように引き金を握ると、安全装置のピンがはずれてモリが発射される。

砲手が、両足を開いた姿勢で腰を落とし、自分の目と、照門、照星、そして遠い鯨を一直線に結ぶ。もう、一切の雑念はない。引き金を引くタイミングに集中する仕組みになっている。

捕鯨船には、「ツチの七息《なないき》」という言葉がある。ツチクジラは、七回潮を吹いたら海に潜る。そのわずかな時間がモリを撃つチャンスだ。しかし、いかに巨大な鯨でも、水面上に見えるのは全体の十分の一程度でしかない。モリは、水中に隠れた胴体に命中させなければならない。距離が近ければ、角度があるので水中に撃ち込めるが、遠いと、角度が浅いためにモリが水面に跳ね飛ばされることもある。密度が濃い、海水の抵抗力は、想像以上に強い。

因みに、現在使用されている平頭モリは、水中での直進性に優れ、浅い角度で命中したときの抵抗が少ないモリで、かつて日本海軍が開発した「九一式徹甲弾」の技術が応用されているといわれる。

はるか前方で潮を吹き上げた鯨の動きが一瞬、止まったように見えた。まさに、その刹那に、鼓膜を震わせる爆発音が響いた。捕鯨砲に挿入された四十五グラムの火薬が爆発して白煙を吹いた。銃口からモリが発射され、ロープがキュルキュルと甲高い摩擦音を発しながら、弧を描くように飛んでいく。そのとき、すべての音も動きも静止したような、不思議な感覚にとらわれた。

ロープをつないだモリが、やけにゆっくりと水平線に伸びていったかと思うと、次の瞬間に、濡れ手ぬぐいを叩いたような「バサッ」という鈍い音がして、黒い塊から血が吹き上がった。海面が赤く染まった。そのとき、すべての音と動きが戻った。船上は、歓声が上がって大騒ぎになった。乗組員が手にモリを持って舳先に集まってくる。

モリを撃ち込まれたツチクジラは、水中深く潜っていく。ロープが勢いよく送り込まれていく。ツチクジラの潜水深度は、最長で千メートル近くに達する。モリに繋いだロープが足りるか、固唾《かたず》を飲んで見つめる。籠の中のロープが残り少なくなってくる。その時突然、動きが止まった。モリを撃たれた鯨が力つきた瞬間だった。繰り出されたロープは八百メートルに達していた。

ロープがゆっくり巻き上げられていく。同時に船が近づいていく。舳先に立つ乗組員の視線が海面の一点に注がれている。黒ずんだ血が波間に広がっていく中からロープが引き上げられていく。なかなか鯨の姿が見えない。

その間も船は、舳先が空に反り上がったり、波間に落下したりしている。胃をねじ上げるような不規則な波のうねりもある。普通の人間は、平衡感覚が狂って激しい船酔いに陥る。そういうときは、水平線を見るか、甲板に横臥するしか方法がないが、これから始まる修羅場に対する極度の緊張感が船酔いをねじ伏せている。嘔吐感をかろうじて堪えて、成り行きを見守る。

待つこと約四十分。ようやく海面に黒い巨体が浮上してきた。間近に見ると、小型の捕鯨船と比べても大きい。波間に、横っ腹に突き刺さったモリが見えた。舳先に立つ乗組員が一番モリを打って、トドメを刺す。船上で一斉に歓声が上がる。手を握り、肩を叩きあって喜びあう。だが、一瞬の歓喜はすぐに次の作業に取って代わる。

息の根を止められた鯨をロープで船尾にくくりつけ、大包丁で一気に腹を切り裂く。黒い皮の下から分厚い脂肪の層が現れる。その真っ白い脂肪の下から、大量の血が溢れ出てくる。肉の鮮度を保つために欠かせない血抜き作業だ。血の匂いが充満している。捕獲したツチクジラは、体長十メートル余、体重五トンを超える大物だった。

船上での最後の作業が終わると、船は港に向かって速度を上げる。船の外を見ると、数頭の鯨が、突然、仲間が殺戮された現実に戸惑っているのか、その場を去らずに遠巻きに泳いでいる。

乗組員は、漁を無事に終えた喜びが、満面の笑顔に表れている。その歓喜の輪から離れて、砲手が一人、船尾に立って静かに煙草に火をつけた。鯨を仕留めた喜びと興奮、自信と誇り、そして殺戮の悔恨。砲手にしか分からない感慨がある。

砲手の見つめる先には、船尾に繋がれたツチクジラがいる。切り口から湧き出る血が海面に長い帯を描き、その血の軌跡を船の白い波が掻き消そうとする。遠い波間に、数頭の鯨の背が見え隠れしている。

船に繋がれた鯨の、血の匂いを嗅《か》ぎつけて、海鳥が集まり出している。一つの壮絶なドラマが終わった海は、何事もなかったように、いつもの静かな海を取り戻している。

翌朝、和田浦漁港が活況を呈していた。久方ぶりの鯨が水揚げされたという情報が流れて、見物人が集まってきていた。漁港の南端に一段低くなった解体作業場をグルリと取り囲んでいる。地元の人たちは、解体が終わったあとに、太い背骨に残った中落ち肉を無料で提供されることを知っているので、包丁や鍋を持って待ち構えている。

昨日、仕留めたツチクジラは、血抜きのためにロープで海ぎわに沈めてある。一昼夜たっても、生臭い血の匂いが立ち込めている。

二十名近い男たちが作業場に降りると、解体が始まる。解体作業員は〝解体さん〟と呼ばれている。滑り止めのついた長靴に、手に薙刀《なぎなた》に似た大包丁を持っている。解体作業場は海からなだらかなスロープになっている。そこに海水が撒かれる。上部の家屋からのびるワイヤーロープの先にツチクジラが繋がれて、ウインチで引き上げられる。

海からツチクジラが全容を現わす。その想像以上の大きさに見物人の感嘆の声が上がる。胴には、砲弾のような鉄のモリが刺さったままだ。

ホースで水が放射され、汚れや血を洗い流す。作業員の一人が、ツチクジラの体長や胴回りなどを測定し、歯やヒレなど各部位のサンプルを採取する。こうした地道な生態調査のデータが、今後の保護活動や捕獲頭数などに反映される。

ツチクジラの頭の付け根に大包丁が入れられ、体の半身に、縦に尾まで切り裂かれる。大包丁の刃が深々と滑っていく。真っ白い脂肪の層が、大包丁の刃元までの厚みがある。その下まで刃先が届くと、血抜きがされたにも関《かか》わらず、再びおびただしい血が溢れ出してくる。

切り口の端に穴をあけてワイヤーロープをかけ、ウインチで分厚い脂肪や肉身が引き剥がされる。バリバリッと、生木が裂けるような音がする。頭を残して半身がむき出しにされる。肉塊や、脂肪、皮、内臓などが手際よく切り分けられていく。身肉はひと塊三〜六キロの正肉ブ

ツチクジラの解体。頭だけで数十キロある(写真=飯田裕子)

ロックにする。削ぎ落とした切り落とし肉は「ハギ」と呼ばれる。

大包丁は鯨の脂ですぐ切れ味が落ちる。包丁さんは、各自が砥石《といし》を持参していて、刃を研ぎながら作業を進めていく。

肉や皮、内臓の処理が終わると、巨大な背骨に残った「中落ち」を削ぎ落とす。鯨一頭の解体にかかった時間は約二時間だった。放水で、血や脂が洗い流される。あとには、巨大な骨だけが残った。

包丁さんたちが現場を離れると、残った一人が見物人に声をかける。

「解体は終わりました。さぁいいよ!」

その声を待っていた地元の人たちが一斉に作業場に駆け下りてくる。解体場に残された背骨と肋骨に群がり、残っている肉片を包丁で削ぎ落としていく。すでに包丁さんの手で肉はあらかた切り取られているが、それでも、骨にこびりついた肉片はかなりの量がある。どの人も鍋や丼が肉でいっぱいになる。地域住民へのささやかな分け前だ。

かつて日本の捕鯨は、「鯨一頭、七浦賑わう(潤う)」といった。小さな漁村で行われる捕鯨の水揚げや解体に、周辺漁民の協力が欠かせなかった。また、漁民たちにとっても、重要な生活手段でもあった。そうした旧来の地域扶助の美徳がいまも生きている。

それぞれが持ち帰った鯨肉は、家族で焼いて食べたり、塩干しの「タレ」にして保存食にする。

鯨は一頭丸ごと利用され、捨てるところがない。肉は、焼肉や炒め物、油で揚げてフライや竜田揚げ、醤油で甘辛く煮た大和煮などにして食べる。大和煮は缶詰でも流通している。肉は焼くと硬くなるが噛むほどに濃密な味がする。

鯨の生肉は、酸化しやすく、すぐに黒くなる。黒色の中に赤色が残り、触って張りがある肉を選ぶのがいい。心臓は、クセがなくて食べやすく、焼いてもそれほど硬くならない。特有の臭みがあるが、馴れるとそれが味の一つになる。

鯨肉の多くは、「タレ」にされる。鯨のタレは、切り身を塩水に漬けてから天日干しにする。干していると肉汁や水分が染み出してくる。この「塩垂れる」が「タレ」の語源だといわれる。房総では、捕鯨基地がある和田浦を中心に各地区で、鯨のタレが盛んに作られた。海沿いの家々では、網や笊に真っ黒い肉を干している光景が見られた。各家の味の工夫があり、美味《うま》さの違いがある。

かつては、近在の市町村には、行商人が自転車に荷をつけて売りにきた。それぞれに贔屓《ひいき》の行商人がいて、得意先があった。鯨のタレは、軽く火に炙って食べる。歯ごたえがあり、血の濃い味がする。塩味がきいているのでそのまま食べる。マヨネーズを添える人もいる。酒の肴に合う。美味《おい》しくて、病みつきになる。

黒い皮と、皮下の脂肪は塩漬けにして流通している。一般に「塩クジラ」と呼ばれる。調理するときは、塩出しして季節の野菜と一緒に「クジラ汁」にする。夕顔やナス、根曲がり竹やミズなどの山菜が合う。味噌味、醤油味など好みがある。味噌汁の表面に脂が浮いて、口を火傷しないようにフーフー冷ましながら食べる。

塩クジラはゴムのような歯ごたえがあり、噛むと脂汁が染み出してきて口中に旨味が広がる。子どものころは、細切りにした塩クジラを、口の中に溜めておいて、ムシャムシャと食べた。口の中が脂でギタギタするが、意外にサラッとしている。美味しくて、体が芯から温まる。田舎では、残った汁を翌朝、「クジラ雑炊」にして食べた。美味しくて何杯もおかわりをした。塩クジラは汁のほかに、野菜と炒めたり、ご飯に炊き込んだりもした。体に力が湧いてくるような気がした。

久しぶりに食べた鯨肉は、素直に美味しく、記憶の底に眠っていた味覚を目覚めさせるような、原点回帰の味だった。かつて、鯨肉は日本人の血肉の一部になっていた。

人影が消えた解体作業場では、淀んだ血の匂いを潮風が吹き去ろうとしている。波打ち際に

鯨肉を干してタレを作る（写真＝飯田裕子）

降りて沖に目をやると、再び漁場に向かう純友丸の小さな船影があった。彼らは、まもなく夏場の房総の捕鯨が終わると、秋に釧路沖で漁をし、春は石巻の鮎川沖で鯨を追い続ける。

かつて、鯨で育った日本人がいた。いまは、鯨の味を知らない日本人が多くなった。日本の捕鯨は、これからどうなっていくのか。明確な答えがないまま、さまざまな感慨が脳裏をよぎるだけだった。

【槌鯨の民俗学的考察と独断的私見】

ツチクジラは、脊椎動物門哺乳類、ツチクジラ属の鯨。北半球に生息する鯨で、日本近海では房総から三陸、北海道知床、網走沿岸を回遊している。北太平洋、日本海、オホーツク海などにも生息し、バハカリフォルニアから、北限はベーリング海、西限は小笠原諸島とする説もある。

大陸棚の端近くの沿岸の海を好むといわれ、通常は、数頭から数十頭の群れを作って行動している。潜水深度は千メートルに達し、深海性の魚や大型のイカなどを捕食している。

北の海では、ツチクジラの別種と思われる、六、七メートルの体色が黒い小型の鯨が見つかっているが、地元の捕鯨業者は昔から「クロッチ」あるいは「カラス」と呼んでいた。ツチクジラは、鼻面（口吻）が長く、体形が寸胴《ずんどう》形で、藁を打つ槌《つち》を連想させることから、その名がある。因みに「クジラ」の語源は、口が大きいことから「口広《くちひろ》」が変化したという説がある。日本ではクジラの古名を「勇魚《いさな》」と呼んだ。

ツチクジラは、日本では江戸時代から捕鯨の対象とされた。船から銛《もり》で突く古い形式の漁法が長く続けられてきた。その起源はさらに古く、千葉県館山市の縄文遺跡といわれる「稲原貝塚」から、イルカの骨に刺さった黒曜石のヤスが出土している。

日本の捕鯨そのものは、有史以前から行われ、外国の捕鯨とは別の、独自の捕鯨技術と文化を発展させてきた。初期の捕鯨は、湾内に迷い込んだ鯨を集団でモリで突いて捕った。その後、カラムシの繊維で網を編んで、網取り式捕鯨や、小舟を出して湾に追い込む追い込み式捕鯨が行われるようになった。どの漁も、村単位で行われた。

戦国時代に、捕鯨用の銛が使われるようになった。始めたのは紀州の熊野水軍など、各地の海を支配する水軍や海賊たちだった。捕鯨が組織化されていった。

江戸時代になると、捕鯨は藩の直轄事業になるが、有力な元締めに事業が委託され、「鯨組」と呼ばれる専業の捕鯨集団が確立する。「勇魚捕り」、「鯨突」は漁師の花形だった。漁師は働きによって地位の上下があり、それに見合った報酬が与えられた。その一方で、捕獲後に引き上げられた鯨の解体には、周辺の漁民がかり出されて、浜が時ならぬ活況に湧き立った。地元民にとっても、重要な生活手段だった。まさに、「鯨一頭」で「浜が賑わい、潤った」。

漁民にとって、鯨は「寄り神」だった。鯨、海豚《いるか》、鮫《さめ》などは、豊漁をもたらす神であり、海からの漂流物は、海上他界からもたらされる恵みだった。漂着する水死体さえも「えびす様」として手厚く祀った。海中から拾い上げた石も「えびす」だった。

日本の漁民の、そうした深い「えびす信仰」によって、鯨を神の授かり物として崇め、一切の無駄なく食べ尽くそうとする。それは、体の一切を犠牲にしてくれる鯨への供養でもあった。

鯨肉以外の部位もすべて大切にされた。とくに珍重されたのは「鯨のヒゲ」だった。ヒゲといっても髪の毛や体毛ではなく、鯨の上顎にある、繊維が板状になった器官で「ヒゲ板」ともいう。本来の機能は、大きな口を開けて大量の海水と餌を一緒に飲み込んだ際に、海水から餌を漉《こ》し取るフィルターの役割をする。口腔内の皮膚が独自に変化したものだといわれるが、強度があり、弾力性に優れている。「エンバ板」とも呼ばれる。

その優れた特質を生かして、釣竿の先端部や、裃《かみしも》の肩の芯、衣服のコルセットや、傘、扇子、着物を縫う際の物差しにも使われた。和裁の独特の寸法の単位として「鯨尺」の名が残っている。ほかにも、からくり人形や文楽人形のバネ、笄《こうがい》や櫛《くし》などにも使われた。さらに毛は網に、皮は膠《にかわ》に、血は薬になった。肝臓から採取される肝油は、ビタミン類が豊富で、薬用にされる。脂肪は搾って鯨油になり、採油後の骨は砕いて肥料になった。

鯨油は、古くから灯火用の燃料にされた。江戸時代になって、庶民がようやく明かり取りに灯火を使えるようになったが、菜種油など植物油は高価で使えなかった。一番安いのがイワシなどの魚油だったが、匂いが強かった。鯨油は、植物油より安く、魚油より匂いが少ないので需要があった。ロウソクの原料にもなる。

鯨油はほかにも、マーガリンや洗剤、火薬の原料、水田の害虫駆除、潤滑油にも使われた。水田に鯨油を撒いて油膜を作り、ウンカやバッタなどを叩き落とすと呼吸ができなくなって死滅する。稲に甚大な被害をもたらす害虫も、「虫送り」の火で浄化して川へ流し、魂をあの世に送った。鯨油を精製した潤滑油は、低温でも凝固しにくいため、寒冷地の車両や機械に使われた。

日本の捕鯨は、鯨の頭の先から尾の先まで、余すところなく暮らしに生かされてきた。そして、寄り神としての鯨に対する感謝と追悼の文化が生まれる。各地に伝承される鯨唄、鯨踊り、鯨塚や鯨墓、鯨神社、鯨寺などに、日本人と鯨の関係の深さが偲《しの》ばれる。

それに比べて欧米の捕鯨は、目的は鯨油の確保だけだった。航海技術が発達していた欧米の国では、遠洋に出て盛んに捕鯨を行い、初期は海上で鯨を解体して脂肪層だけを樽に詰めて帰港したが、時間が経つと脂肪が腐ってしまうために、船上に釜を設置して油を融出した。脂肪以外の肉はすべて海に廃棄した。

日本でも明治時代にノルウェー式の捕鯨砲が導入され、長距離の捕鯨が可能になった。最初はノルウェー人の砲手を雇い入れたが、捕鯨船の乗組員の多くは旧鯨組の漁師たちで、その中から優秀な砲手が育っていった。捕った鯨も、日本の旧来の方法で解体され、無駄なく利用された。

欧米式の解体で、海に廃棄された鯨の残骸は、ほかの魚の餌になる。他の生物の生存に役立っている。だが、そうした欧米式の合理主義と、一つの命に感謝を捧げる日本の宗教観念と、果たしてどちらが、自然の理《ことわり》にかなっているのか。宗教観、価値観の違いで評価は分かれるかもしれないが、日本人としては、生き物を単に「資源」としか見ない考え方には、どうしてもくみすることができない。

海の彼方にあるとされる海上他界も、漂着神のえびす様も、いつまでも心の隅に生き続けていてほしいと思うのは、はかない願望だろうか。

熊

熊を仕留めた興奮が、山峡に陽炎《かげろう》のように揺らいでいた。ブッパ（射手）の銃弾をくらって、山の斜面を転がり落ちた熊を、総出で平場に運び出してきた。熊は百三十キロはありそうな大物だった。

熊の頭を北向きに寝かせる。マタギ衆が使った鉄砲や、刃物は南側に立てて置く。熊を囲む男たちが、急に無口になった。

マタギのシカリ（頭）が出て、仰向けの熊の腹に、ナガサ（猟刀）とコヨリ（小刀）を置いた。浄め塩をして呪文を唱える。マタギ衆も声を揃えた。口ごもった呪文は、他所者《よそもの》には何を言っているのか聞き取れなかった。わずかに耳に残ったのは、「アブラオンケンソワカ」という大日如来の真言《しんごん》だけだった。

マタギは、獲物の解体を「ケボカイ」という。また、解体作業を「ホドク（解く）」といった。ケボカイは、毛皮を剥ぐ「カワタチ（皮断ち）」から始められる。カワタチは、断ち方によって出来上がりの毛皮が大きくなったり、小さくなったり、見てくれにも違いが出てくる。売値にも影響するので、シカリか、仲間内でもとくに熟練した者が行う。

熊は、雪に少しの間埋めておいたあとに平場に運んできた。仕留めたあと、獲物の体温を一気に下げると肉が締まり、血が冷えて肉に血臭が移らない。ビニールシートの上に、仰向けに寝かせた熊の体を丁寧に拭き取る。そのあと、四肢をおさえておいて、顎下に刃物を入れて胸元まで切り裂く。次に、左の前肢を、まるで脈でも取るように持ち、ナガサの刃を上に向けて、手首から腋《わき》の下まで切り裂く。右肢、後肢も同じように切り、さらに、残っている胸元と股の間を縦に切り裂く。黒い毛皮の下に、白い脂肪層が覗く。切り口からは、まだ血は一滴も流れていない。

「カワタチ」は、手間がかかるので数人が手分けして行う。切り口から、刃を入れて脂肪を切りながら、毛皮を剥がしていく。頭から四肢、胴、背中と、一頭丸ごと毛皮を脱がすように剥がしていく。毛皮を傷つけないように、くっついた脂肪を削ぐようにして剥がしていく。毛皮を破くと売値が下がる。また、毛が肉にくっついてしまうと処理に手間がかかる。手首、足首を切断する。厚い脂肪に包まれた肉塊になる。

ここで、剥いだ毛皮を熊に被せると、小枝で肢から頭の方へ三回撫でて、再び呪文を唱える。山の神の怒りを鎮め、熊に引導を渡して成仏させる。

剥いだ毛皮を下に敷いて、その上で「ホドク」作業が続けられる。股から刃を入れ、腹を裂く。肉が硬くて力がいる。胸の肋骨は、叩き切るようにして開く。熊の体を押さえる手伝いをしていたら、目の前で腹が裂かれて、どっと内臓が溢れ出た。体内に籠《こも》っていた熱と、匂いが湧き立った。熊は、今の今まで生きていたのだという、命の生々しさを改めて実感する瞬間だった。熊は、自分が死んだという現実を受け入れられないように、空を睨んでいる。その当事者である我々は、だからこそ解体の生々しさから目を背けてはいけないのだ、という思いが胸にこみ上げてくる。

心臓や肝臓、腎臓、膵臓、胃、大腸、小腸、さらに食道や舌、陰嚢や子宮などを丁寧に切り分ける。一番高価な胆のうは、肝臓にくっついている。放っておくと胆汁が内臓に流れてしまうので、管の部分を糸でしばって、漏れないようにしてから切り離す。

血は、手や器で掬い出す。熊の血は、腸に詰めてから煮て、血のソーセージにする。心臓病や貧血、胃病などの薬にした。以前は、山で解体したその場で作った。熊の小腸は、百尋《ひゃくひろ》あるといわれる。因みに一尋《ひとひろ》は、両手を広げた長さで、人によって誤差がある。その長い小腸を切り離したら、笹などで揉むようにしごいて、中に詰まっている糞を絞り出す。中身を出したら、腸袋を裏返して水で洗う。雪山なら、雪でこすってあらう。きれいにした腸袋に血を入れ、一尺（約三十センチ）くらいに切って両端を糸で結ぶ。

血は半分くらいの量を詰める。血は煮ると膨張するため、量が多いと煮たときに破裂する恐れがある。血の腸詰めは、熱湯で煮て、塩を振って食べる。意外に臭みは少なく、血が凝固した独特の風味があって美味い。また、腸詰めをいったん乾燥してから粉末にして薬にした。強壮、頭痛、疲労回復などに薬効があるといわれる。

解体が終わると、クロモジの木で三本の串を作り、熊の心臓三切れに背肉三切れ、肝臓三切れを串に刺し、焚き火の火で炙って山の神に供える。シカリをはじめ、猟に参加した仲間全員にも分けられ、共に食べる。熊の魂を山の神に返すと同時に、一緒に供物を食べることで神と一体になる儀礼でもある。そのあと、肉をいくつかのブロックに切り分け、各部位ごとに手分けして麓に持ち帰る。毛皮は巻いて運ぶ。

ケボカイが終わって、それぞれが荷を背負うと、ようやくみんなに安堵の笑顔が戻る。全員が揃って山に向かって手を合わせたあと、下山する。私の背にも五キロほどの熊肉が入っている。坂を下るたびに、背中で肉塊がドスドスと動き、まだ命が脈動しているような錯覚にとらわれる。

村に戻ると、集落の人々が笑顔でマタギ衆を讃《たた》えて、声をかけ、手を打って笑顔で迎える。マタギ衆も鼻高々でそれに応える。シカリの家でいったん荷を降ろし、改めて肉や内臓を切り分ける。肉は、仲間全員に均等に分けられる。犬を連れていれば、犬の取り分も同じにする。さらに、肉は集落の各家にもお裾分けが届けられる。

村人が男たちを囲み、猟の話をせがむ。男たちも満更《まんざら》ではなく、自慢話や苦労話が、冗談やホラ話をごっちゃにして披露される。場は笑いに包まれ、ようやくマタギの男たちの緊張が解けてくる。部外者の私は、想像以上の過酷な猟に疲労困憊して、その場にへたり込んだまま、彼らの嬌声を遠くの山鳴りのように聞いているばかりだった。残雪が深い山の「出熊狩り」が想像以上に過酷で、いつまで続くかと思うほど長く感じた。

季節は三月の声を聞くというのに、山はまだ二尺（約六十センチ）の雪に覆われていた。この日、阿仁のマタギ衆に「出熊狩り」の招集がかかった。シカリからの呼びかけに、今年の大雪に焦れていた仲間たちが、勇んで集まってきた。銃を持たない私は、猟の邪魔にならないという約束で同行が許された。だが、マタギの猟刀フクロナガサを腰に下げている身として、出会いがしらに熊と遭遇したときは、サシで勝負する決意を秘している。フクロナガサは、刃渡り八寸（約二十四センチ）の片刃の鉈で、柄の部分が袋状に鍛造してある。その袋状の穴に長い木の柄をすげれば槍になる。マタギは、山で野営をする際には、ナガサの槍を身近に置いて、急場に備えた。鉄砲が間に合わないときなどは、これで熊を仕留めることもあった。

フクロナガサの扱い方は、何度も練習してすでに熟知している。熊は、人を襲うときは必ず立ち上がる習性がある。その瞬間に、月の輪をひと突きにする。また、熟練したマタギは、熊が立ち上がってからでは遅いといい、立ち上がる直前に急所を狙って突く。正面からだと、頭が邪魔になって急所をはずす危険があるので、熊の左脇へ跳んで、前脚の付け根から心臓へ突き抜く。突いたら槍を抜かない。抜くと手負いになった熊の逆襲を受けることになるので、そのまま前に押して深く貫く。後ろが崖なら、崖下に落とす。ナガサの刃は必ず上向きに持つ。刃を下に向けると、羽先が下がって致命傷にはならない。

因みに、山で熊と至近距離で対峙したときにどうするか。旧知のマタギのシカリに尋ねたことがある。彼は、過去に熊と一対一で戦った体験があった。

「熊だば、襲ってくるときは猪のように突っ込んでくることはねぇすな。必ず両脚で立って、腕で叩こうとする。爪でやられたら顔の半分は吹っ飛ぶすな。しても、その腕の長さを見切っていれば避けられるべぇ。腕をヒョイヒョイと避けながら、自分を有利な場所に移動する」

彼は、熊を崖側に動かして、思い切り低い姿勢で体当たりをして熊を崖下に突き落とした。柄の長いナガサがあれば、その槍で突く。突いたら引かずに一気に突き通す。長年、熊と対峙してきたマタギの肝は座っている。

私自身、過去に何度も熊と遭遇している。一度は、二、三メートルの距離で出くわしたことがある。山に連れていった犬が、先に駆け上っていった尾根で数回吠えたあと、急いで駆け下りてきたので、なにかと思って尾根筋に行ってみると、足の下の斜面に大きな熊がいた。手が届きそうな近さだった。だが、私は動かなかった。いや、咄嗟のことで動けなかった。すると、熊は、攻撃してくる様子もなく、黒い巨体をドッサドッサと動かしながら斜面を横に走り去っていった。私は、立ち尽くしたままそれを見送った。そのときは不思議と恐怖心は起きなかった。陽《ひ》を背中にした私の黒い影が、下から見上げる熊の目から異常に大きく見えているのかもしれない、と思った。

ところが、熊は尾根の端まで行ったところで急に走るのをやめて、振り返った。じっとこちらを見ている。冷静さを取り戻した熊の目に、私はどう見えているのか。そう思った瞬間に、突然恐怖心がこみ上げてきて、背筋に悪寒が走った。私は、そのままの姿勢で二、三歩後ろに下がり、体を反転して一目散に山を駆け下りた。背中の神経がピリピリした。幸いに、熊が追ってくることはなかった。

熊は、意外に蛇が苦手だと聞いたことがある。そのため、熊と遭遇したときに、腰のベルトや、手近に縄やロープがあれば、振り回すと蛇と勘違いして近づいてこないという。先に細かい枝がついた柴木を引きずったり、動かすのを嫌う。ペットボトルやアルミ缶をペコペコへこますなど、熊が普段聞き慣れない音を出すのも有効だという。

あれこれと戦い方を反芻《はんすう》する。だが、いざというときに、平常心で立ち向かえるかは、自分でも分からない。

腰のフクロナガサをしっかり確認してから、カンジキを履いて後に続く。村はずれから山の急斜面を登る。足の達者な若者を先頭にして、一列になって登る。動きが連動して、巨大なムカデが這い登っているようだ。仲間の一人が列から離れて、山スキーで登っていく。山スキーは、板の裏にアザラシの毛皮が張ってあり、登りは毛が逆目になって、急坂でも後ろに滑らない。逆に下りは、毛が順目になってよく滑る。ムカデの男たちを先導するように、急斜面をスイスイと登っていく。

山の雪はまだ深いが、山の動物たちは春の兆しを敏感に嗅ぎ取っている。木々は寒空に凍えながらも芽を膨らませ、雪の下ではフキノトウやウド、ギボウシなどが萌え出している。空腹に耐えながら冬眠を過ごしてきた熊は、かすかな新芽の匂いに誘われて、寝穴から這い出してくる頃だ。外に出てきても、山はまだ食べ物が少ない。熊の胃を満たすには足りないが、雪崩《なだれ》でやられた羚羊《かもしか》や野兎、貉《むじな》などの死骸を毛皮ごと食べる。熊は冬眠明けに、冬の間に溜めていた〝止め糞〟を「尻抜き」で全部出し、腹の中をきれいにしてから行動をはじめる習性がある。

「尻抜き」には、獣の毛を食べないと腹の中がきれいにならないといわれる。

因みに熊は冬眠が近くなると、餌を食べなくなる。好物のブナやドングリがあってもだんだん食べなくなり、ナラやサルナシ、ブドウ蔓の硬い樹皮を食べて、肛門で固めて〝止め糞〟をする。冬眠中の熊は腹の中になにも入っていない。

冬眠から覚めて寝穴から出ると、雪の下のフキノトウやウドなどを少しずつ食べ、獣毛と一緒に肛門に溜まって発酵すると、膨張して止め糞を外に吹き飛ばすともいわれている。尻抜きが終わると、急に食欲が旺盛になって、貪欲に食べ始める。

春土用（彼岸中日）を過ぎる頃、寝穴から出た熊は三、四日の間、南斜面の陽だまりに出て毛干しをし、餌をあさって体調を整えながら本格的な行動に入る。マタギたちも、これを待って出熊狩りに山に入る。

この時期の熊でもっとも価値があるのは、熊の胆《い》と呼ばれる胆《たん》のう。胆のうは、食べたものを消化する消化液が入っている。そのため、食欲旺盛な時期は分泌が活発で、胆のうの中身が少ない。胆のう自体も小さい。しかし、熊は冬眠に入ると何も食べないので、胆のうが大きい。一番いいのは、秋にナラの実をたくさん食べて冬眠した出熊の胆のうで、干した胆は色が真っ黒で硬く締まり、切り口が色艶がよく、金色を帯びている。とくに苦味が強く薬効があるとされる。一番がナラの実、二番がブナの実。コクワやヤマブドウを食べた熊の胆は、甘味があって薬効が薄いといわれる。

雪がゆるみ始めた山を歩くのは、強靭な体力を必要とする。カンジキを履いていても、雪を踏み抜いてしまう。膝上まで埋まった足を抜きながら歩くだけで体力を消耗する。雪上を滑るように歩くマタギ衆に遅れまいとすればするほど、体のバランスが崩れて雪を踏み抜いてしまう。ついていくだけで疲労困憊して大汗をかく。休むと、汗が冷えてきて寒さに凍える。

山歩きに馴れたマタギ衆は、上体がぶれないように胸のところで腕組みして、カンジキを履いた足をすり足のように動かして、体重移動をスムーズにしている。また、ズボンの膝下をひもで結わいておくと、足の運びが楽だという。

因みに、雪山の猟にはカンジキが欠かせない。カンジキは、根曲がり竹やクロモジなどを輪に曲げて縄で編んだ「和カンジキ」で、軽くて丈夫の上に、雪上を歩いても音がしない。以前に一度、スノーシューを履いて行ったら、歩くたびにザリザリと音がして、「うるさい。そんなもん履いてくるな！」と怒られた。音のするもの、オーデコロンや整髪料、煙草など匂いのするものは猟に妨げになる。

現在のマタギは、ほとんどが防寒用の長靴に、羽毛入りの軽くて保温性に優れた服装をしている。上着は防水性のアノラック、手袋に帽子。帽子の上から「サンカク」と呼ばれる布で頬被りをする。サンカクは、麻布を三角形に二つ折りにしたもので、顔を寒風から保護し、首筋から雪が入るのを防ぐ。使い込んだ麻布は柔らかくて、耳元でガサガサ音がせず、耳がきく。雪山に猟に出ると、自然のちょっとした音の変化で危険を予知したり、獲物の気配を察知する。猟師にとって、耳は大きな武器でもある。

荷は、現在はリュックを背負う。中身は、ちょっとした着替えや弁当。数日山で寝泊まりしながら猟をするときには飯盒《はんごう》や米、軽い干し菜や凍み大根、調味料に味噌や塩などを入れていった。非常食に凍み餅や豆を持っていく。凍み餅は、搗《つ》いた餅を冬の屋外に晒したもので、サクサクしてお菓子のようにそのまま食べられる。軽い上に、腹持ちがいい。歩きながらでも食べられる。マタギの欠かせない行動食だ。

雪が深い山は、「コナギャー」と呼ばれる木のシャベルを持っていく。コナギャーは、歩くときに雪をかいたり、寝穴を掘るときに使う。雪山で野宿をするときは、斜面に立つ太い木の谷側の根元の雪を掘り、体をすっぽり入れる。目の前が開けて見通しがよく、雪崩も避けられる。

急斜面を登るときには、ピッケルのように雪に突き刺して体を支える。急坂を滑り降りるときは、体の横に構えて、ブレーキ代わりにして滑走する。また、コナギャーの柄の先には切り込みが入れてあって、雪面にコナギャーを突き刺して立てたら、切り込みに銃を乗せて射つ。

出熊狩りは、普通、組織された集団で行われる。なかには集団に属さず、単独で猟をする者があり、ヒトリッコロバシと呼ばれた。しかし、冬の山を単独で歩き、熊を発見して仕留めることは並大抵の作業ではなく、効率が悪かった。また、かりに熊を仕留めても、百キロを超す熊を麓に運び出すのは容易ではなく、いったん山を降りて人手を頼むことになった。ヒトリッコロバシの猟師は、一匹狼的な性格が強く、熟練した猟師でなければ務まらなかった。

なかには、旅マタギとして奥羽山脈を縦走して、獲物があると里に降りて現金に換えて、故郷に送金しながら旅を続ける者もあった。こうした旅マタギの中には、そのまま行き方知れずになったり、旅先に定住して家庭を持つ者もいた。新潟県の秋山郷や、福島県の檜枝岐などに秋田マタギの痕跡が残っている。

集団で行う猟を「巻き狩り」という。少人数でやる猟を「とも猟」、十人から二十人の大掛かり猟を「たつま猟」といった。巻き狩りの方法を細かく分類し、地形やそのときの状況で使い分けることもある。たとえば、熊の姿や、トアト（足跡）を確認してから行う巻き狩りを「デマキ」あるいは「ミヤマ」といい、確認せず、おおよその見当をつけて行う猟を「クロマキ」といった。昔は、ムカイマッテという見張り役をおいて、常に熊の位置を確認して猟を行なったが、マタギが少なくなるに従って「クロマキ」が多くなった。

「デマキ」の方法も、場所によってやり方が変わる。射手が、山の中腹あたりに潜んで待ち、熊を横に走らせる方法を「ヨコマキ」、熊を山頂から下に向かって追い込んでいくやり方を「オロシマキ」、逆に、下から上に追い上げていくのを「ノボリマキ」といった。

組織は、シカリを頭に、ブッパ（射手）、勢子《せこ》（獲物を追う役）で構成され、シカリの指示で全員が縦横無尽に動く。ブッパは、鉄砲の腕がいい人間が選ばれ、一のブッパ、二のブッパと呼ばれ、指示された位置について待つ。勢子は、熊をブッパの方向に追い込んでいく役で、コマタギと呼ばれる若い猟師が当たるが、追い方が悪いと獲物が仕留められないので、勢子頭には経験の深い老練な猟師がつく。コマタギは、勢子として経験を積みながら、やがてブッパに成長する。

マタギの仲間に入るには厳しい掟がある。何よりも、親方であるシカリに対する徹底的な服従が要求され、わがままで反抗心の強い人間は仲間に入れない。山に入ると、普段の里言葉を禁じ、独特の山言葉を使い、口笛や歌を禁じられる。山では無駄口を慎み、猿や、夢の話をしてはならない。酒、博打も禁止。鉄砲や荷物を跨《また》いだり、ご飯に汁をかけて食べてはならない。

ほかにも、出産、妻の月経、葬式など、血や死の穢れなど細かい禁忌があり、その一つでも違反すると仲間から外される。山で失態があると、裸で沢に入って水垢離《みずごり》をさせられる。仲間の一人の一瞬の気の緩みが、猟の成否を左右し、大きな事故に繋がることを強く戒める。そうした一糸乱れぬ統率の下に猟が行われる。

雪山には、野兎や狐など山獣の足跡が点々とついている。ときには、冬眠できないでいる熊の足跡を見つけることがある。雪が深いと、丸太を曳《ひ》いたような跡が残っている。山の木の実が不作で、長い冬眠に備えて食い溜めができないでいる熊や、逆に、好物のブナの実が当たり年で、食べたくて仕方がない熊が、巣穴に入りそびれている場合もある。雪の下に埋まっている実を掘り起こした跡があったりする。

熊は、大木にできた洞《ほら》や岩穴、土穴などに入って冬眠する。大きい穴は寒いので嫌う。穴口が小さく、中が狭い方が暖かい。熊は体が大きいが、穴に頭が入れば器用に中に潜り込む。洞ができた大木の場合、木のオモテ側（山側）の洞は、雪が吹き込むので入らない。アテ側（谷側）の洞を選んで入る。マタギの野宿の仕方は、山の主の熊に学んでいる。窮屈な洞は、鋭い爪や歯で崩して穴を広げる。湿気るような場所なら、木の枝を折って下に敷く。

本格的な冬がくると、山は吹雪き、雪が降り積もる。熊が入った木の洞は雪に隠される。だが、マタギは熟練の推理で熊の寝穴を探し当てる。わずかな手がかりも見逃さない。

経験が深く、足が達者な猟師が、十メートルほど先を行く。残雪の山を歩きながら、丹念に立木を見て回る。熊は、寝穴に入る前に、近くの木に爪や歯を立てて深い疵《きず》を残す習性がある。また、春に寝穴から出る際にも齧《かじ》り疵をつけるといわれ、マタギは、入るときのものを「入りカガリ」、出るときのものを「出カガリ」と呼ぶ。何故そうするのかは、はっきりとは分かっていないが、おそらく、ほかの熊に対する存在の誇示、一種の縄張り意識の表れではないかと考えられている。

疵は洞に向かってついていて、それを手がかりにして追う。雪に埋まった寝穴にも、熊が入っている証拠が残されている。穴口に厚く積もった雪には、熊が呼吸をする小さな穴が空いている。洞の中に籠った熊の体温や呼吸の熱で穴口の雪が溶け、呼吸と一緒に吐き出される木屑や埃《ほこり》で汚れている。

山に入って三時間ほどすぎている。尾根を二つ越えて谷に下りかかったとき、突然、先遣役の男の足が止まった。手を上げて、仲間に合図を送る。その瞬間に、仲間は立木に変身したように動きを止め、気配を消した。内心の高揚を抑えて緊張感に包まれる。シカリが銃を降ろし、足を忍ばせて近づいていく。寝穴の呼吸孔に顔を寄せると、かすかに風が動いている。獣特有の匂いと口臭がする。シカリがそれを仕草で仲間に伝える。

マタギ衆が静かに近付いていく。だが、その頃には、敏感な熊はすでに外の異変に気付いている。熊の鼾《いびき》のような呼吸音がピタリと止《や》んでいる。動かずに、じっと様子をうかがっている。

マタギ衆が木を取り囲む。木の洞や岩穴に入っている熊は、たくみに外に誘い出して仕留めなければならない。穴の中で鉄砲を撃つと、狙いを外す可能性がある。手負いの熊は凶暴になる。また、かりに仕留められても、穴の中から熊を引き出すのが容易ではない。

洞の穴口が木の上の方にある場合は、一人が幹をガンガン叩き、熊が驚いて出てくるところを撃つ。探り穴をあけ、そこから棒を入れて突いたりして追い出すこともある。また、穴口から、先が叉《また》になった木を突き入れて、熊が怒って木を払いながら出てくるところを撃つ。熊の肩が出たときに撃つと、外に転がり落ちる。岩穴の場合は、焚き火の煙で燻したり、ダケカンバや松脂《まつやに》に火をつけて穴に投げ入れておびき出すこともある。

数人の男たちが木の幹をガンガン叩き、奇声を上げる。穴口に木の枝を次々に差し込んでいく。射手が少し離れた位置から銃を構えて待つ。熊が洞の中で暴れて、激しい咆哮が聞こえる。緊張感が一気に高まる。そのとき突然、木の枝を差し込んだ穴の下の方から雪が盛り上がると、突然黒い塊が飛び出してきた。熊の頭だった。怒りに牙を剥いた恐ろしい形相だった。雪の下にもう一つ穴口があったらしく、そこを頭で破って外に出てきたようだった。

予想外の展開に、マタギ衆は逃げ惑い、射手は、仲間が近すぎて銃の引き金を引けなかった。雪の中から跳び出した熊は、雪を蹴散らかせながら山の斜面を駆け下っていった。熟練した射手は、冷静に状況を見て、斜面を横に走った。勢子は、「ソーレァ、ソーレァ！」と大声で叫びながら、反対側の尾根筋に向かって走った。

熊は、普段歩き馴れた山の鞍部に向かっていたが、前に回りつつある勢子の声に一瞬動きを止めて方向転換しようとした。その瞬間に、銃声が谷間に響き渡った。やや斜め方向からだったが、肩から肋骨三枚目の間を狙って撃つ。弾丸をくらった熊は、立木に体当たりしながら阿修羅のごとく暴れまわる。続けて二発、三発撃たれた。熊は、「ウオオーッ！」という断末魔の咆哮を上げながら倒れ、雪の斜面を転がり落ちていった。熊の最後の声を「サビゴエ」といい、胸に沁みるような哀愁を漂わせ、猟に馴れたマタギたちの胸を締め付ける。男たちは少しの間、無言でその場に立ちつくしていた。顔色が蒼白だった。

仕留めた熊は、しばらく雪を被ったまま放置されたあと、ロープで引き上げ、四肢を縛って丸太を通して四人担ぎで麓に下った。猟は成功したが、心底から高揚した気分にはなれなかった。生きるためとはいえ、生き物を殺傷する猟には、重い罪業が付いて回る。マタギの、山の神に対する深い信仰もそこに根差している。猟を生業としてきた猟師と、趣味のハンターとの違いもそこに起因する。

仕留めた熊をどう処理し、どのように食べるかも重要な課題だ。マタギは、熊を獲ると山の神に報告と同時に感謝を捧げ、心臓を切って供える。そのあと、丁寧に「ケボカイ（解体）」をし、肉から内臓、血の一滴まで無駄なく調理して食べる。余さず食すことが犠牲になった生命に対する供養になる。また、食す行為によって、その動物の生命エネルギーが移譲される、古代からの饗応の儀式でもある。

熊肉は美味である。肉はきれいな赤身で、健康な色をしている。家畜肉を食べなれた者には山獣特有の臭《にお》いが気になるかもしれないが、醤油や味噌仕立てで料理をし、香辛料を選べば気にならない。山に暮らす人たちに言わせれば、科学飼料を与えられ、運動不足でストレスを抱えた家畜の肉の方がよほど〝気色が悪い〟と眉をしかめる。

熊肉は、煮ると歯ごたえがあり、噛むほどに濃密な味が湧いてくる。体がポカポカと温まり、冬でも汗が出てくる。「熊の肉を食っていりゃ、精力がついて病気なんかにならない」と、山の人は言う。

熊汁をマタギは「ナガセ汁」という。熊肉は、一度熱湯で湯通ししてから料理をする。鍋に、肉を骨ごと入れる。骨を入れると、骨の髄から旨味や地脂が出て、味に深みが出る。骨を入れれば、肉は食わなくてもいいという者もいる。肋骨や太い大腿骨が一本あれば、鍋にしたあとで取り出して、また使える。それほど骨が味の決め手になる。

臭みが気になるようであれば、熊肉をサラダ油に塩コショウ、ショウガ、ニンニクで炒めると臭みが取れる。炒めた熊肉を水を張った鍋に入れ、豆腐、マイタケやナラタケなどのキノコ、ミズやタケノコなどの山菜、ダイコン、ネギ、豆腐などの具を入れて、味噌仕立ての鍋にする。

熊の手は、よく洗ってから下茹でしたあと、毛を丹念に抜く。毛根からしっかり抜くのに手間がかかる。爪と骨に沿って切り分けて、ショウガとネギと一緒に煮込む。一度、塩コショウで炒めて臭みを抜くこともある。煮込んでいるときの臭気が強い。アクを丹念に取りながら煮込む。

熊の手は、ほぼゼラチン質で、少量の肉がついている。豚足や筋肉《すじにく》に似ている。熊の手自体に味がないので、煮込む調味料によって味が決まる。ワイン煮は、赤ワイン、ワインビネガー、スパイス、オイスターソース、蜂蜜などで味を調える。

俗に、熊の右手が美味いという。その根拠は、熊は右手で蜂蜜を掬って食べるので、味がいいという。左手は常に尻の下に敷いているので臭いという。また、熊は決まって左手で戦うので筋肉が引き締まっていて美味いという説もある。さらに、右手がいい、左手がいいと、さまざまな説が流布しているが、何の根拠もない。どちらも同じ味がする。

内臓などの「ザッパ」は、味噌煮にするほかに、塩味で煮ても美味しい。オオブクロ（大腸）やコブクロ（小腸）、スイゾウなどはシコシコして美味い。脳ミソは煮てもいいが、生のまま塩で軽く揉んで食べる。脂分が強く、鱒の白子のような味がする。

熊の血は、生血がまだ温かいうちに飲んだり、握り飯につけて食べる。山で解体する際に、猟師はお猪口《ちょこ》に一杯くらいずつ分けあって飲む。体が温まり、疲れがとれるという。血圧が上がるといい、低血圧の人や、虚弱体質の人に効果があるが、飲みすぎると逆に害があるという。血の腸詰めは美味しくて、薬効がある。

「サヨ」と呼ばれる舌は、乾燥し、粉末にして飲むと傷薬や解熱に効果がある。肝臓や膵臓、喉や食道、陰茎や子宮も粉末にして薬にする。肝臓は急性肝炎に、喉や食堂は、喉の薬に、陰茎や子宮は、精力剤や性病の薬に珍重された。骨は焼いて粉末にすると、血圧や頭痛、虚弱体質に効き、粉末を酒で練ったものを打撲の湿布薬にした。

仕留めた熊でもっとも価値があるのが熊の胆である。昔から万病の薬として珍重されてきたが、高価で手に入りにくかった。「熊の胆一匁《もんめ》、金《きん》一匁」といわれ、金より高かった。

山から大切に持ち帰った熊の胆のうを破かないように和紙などに包み、竹の簀《す》や板に挟んで四隅をひもで縛り、あるいは重石《おもし》をかけて、囲炉裏で乾燥させる。縮んだら締め直し、破れない程度の圧を加えながら乾燥させる。出来上がるまで約二十日かかる。熊の胆は、干し上がると三分の一から四分の一に小さくなる。生で三十匁（一匁＝三・七五グラム）あったものが、八匁ほどに縮む。熊の胆のうは、普通二十貫目（一貫目＝三・七五キログラム）前後の熊の胆のうが約十五匁。大物の三十貫目以上の熊で約二十五匁といわれるが、稀《まれ》に胆のうが大きい熊がおり、干し上がって十七、八匁、ときに二十匁になることもあるといわれる。一時は、熊の胆一匁で五万円の値で取引された。二十匁になれば百万円になり、貴重な現金収入になった。

私事だが、新潟の小都市で育った子どもの頃、ときどき母親に熊の胆を無理やりに飲まされた。効いたのかどうか分からない。狸や狐の胆の紛い物が出回っていたので、本物だったかどうかも分からない。だが、母親の顔がやけに真剣だったことと、顔がひん曲がるほど苦かったという記憶だけが残っている。

また後年、懇意にしている秋山郷の猟師が、「熊の胆を飲むと酒に酔わない」といわれて試してみたら、本当にいくら飲んでも深酔いしなかった。さらに、翌朝、マッチ棒の頭ほどの熊の胆を飲んで苗場山に登ったが、途中、息も切れず山頂まで一気に登れた。そうした体験を通して、熊の胆の口伝の正しさを実感させられた。

熊の毛皮は、内側に残った肉片や脂を鉈や、瀬戸物のカケラでこそげ取り、ミョウバン液に数日間漬けて水洗いしたあと、枠木に張り、ひもでピンと伸ばしながら乾燥させる。腐りやすい脂肪分を丹念に取り除くのに根気がいる。その際に毛根を切ってしまわないようにする。

熊は一頭丸ごと、無駄なく食用に供され、さらに薬として利用され、山国に暮らす人々の健康に寄与してきた。そこには、自然に帰属して、ひたむきに、そして逞しく生き抜く人々の叡智が凝縮している。

彼らは、過酷な境遇を恨まない。自然に対して畏怖と畏敬を忘れず、有り余る恩恵に感謝し、余すところなく血肉とする真摯な生き様が、豊かな自然を守り、巡り巡って自分たちの生活を保障してくれることを知っている。その慎み深さと、強靭な生命力の奥底には、熊の血が脈打っている。

【熊の民俗学的考察と独断的私見】

日本には、本州以南に生息するツキノワグマ、北海道に生息するヒグマの二種類がいる。ツキノワグマは、頭胴長（頭の先から尻まで）が、平均で百十～百三十センチ、体重はオスで八十キロ程度だが、個体差や季節の変動が大きく、百キロを超える熊もいる。最大で二百二十キロの大物が捕獲されている。ヒグマはさらに大きく、二百キロは普通で、四百キロを超える大物もいる。日本最大の陸上動物だ。

熊は、もともとはライオンやトラなどと同じ大型のネコ科の動物で、本来はほかの動物を襲って食う肉食動物である。発達した牙と、鋭い鉤爪《かぎづめ》が武器だ。

熊は、アジア大陸に起源を持つ。ツキノワグマは、現在のイランやアフガニスタンなど西アジアから、朝鮮、台湾など東アジアに生息する「アジアクロクマ」と同種で、三十～五十万年前の氷河期に、陸続きだった大陸から渡ってきたといわれる。現在、日本に生息しているツキノワグマは、亜種のニホンツキノワグマに分類されている。

一方のヒグマは、中央アジアに生息するチベット系のクマと近縁で、やはり氷河期に北海道に渡ってきた。さらに、アジアのヒグマが、氷結したベーリング海を渡ってアラスカへ分布を広げている過程で、東に向かった群れがサハリン（樺太）を通って北海道に入ってきたといわれ、年代によっていくつかのグループが混在しているようだ。亜種のエゾヒグマに分類されている。

ツキノワグマとヒグマが、なぜ本州と北海道に分断されているのかが素朴な謎だったが、二〇一四年に秩父の洞窟でヒグマの化石が発見された。頭胴長が二メートルを超える大物だった。そのほか、ヒグマと思われる化石が発掘された例は二十一例を数える。そのことから、少なくとも一～二万年前までは、本州にツキノワグマとヒグマが共存していたことが証明された。

何故、ヒグマは本州から姿を消したのか。その疑問に対する最も明快な答えは、ヒグマがツキノワグマとの生存競争に敗れて絶滅したという説だ。しかし、ヒグマはツキノワグマより体が大きく、力も圧倒的に強い。戦って破れることは考えられない。そこには別の要因が隠されている。

最大の誘因は、氷河期後の急激な環境の変化以外にない。長い氷河期が終わり、気候が温暖になって自然の植生が変わると、ヒグマはその変化についていけなかった。

熊は、もともとは肉食動物だったが、分化した熊の祖先は、植物を含めた「雑食化」の道を選ぶことで、さまざまな環境に対応して生息域を広げてきた。ツキノワグマもヒグマも、基本的には植物を主食とした雑食性である。だが、両者の明確な違いは、ツキノワグマは森林派であるのに対して、ヒグマが草原派であることだ。

本州のツキノワグマの生息域は、ブナやミズナラに代表されるブナ科の落葉広葉樹林の分布と重なっている。ツキノワグマは、冬眠から覚めると、木の新芽や若葉を食べ、前年に落ちたブナやナラの実を食べる。

ブナ類の実は、脂質とタンパク質が豊富で、消化しやすい。ナラ類の実は、炭水化物を多く含み、栄養価が高い。熊の体力を回復させる重要な食料で、ブナ科の樹木はまとまった森を作るので、毎年、同じ場所で安定した量を確保できる。また森には、花や実をつける植物が多い。ツキノワグマはキイチゴやサルナシ、ヤマブドウなど甘いものが大好きだ。ほかに、ハチミツや昆虫類、まれに魚や動物の死骸も食べる。木登りも得意で、ツキノワグマにとって森林は居心地がいい。

一方のヒグマは、もともと北方系で寒冷な環境や草原を好み、森林化に適応できなかった。フキやウド、イラクサ、ミズバショウ、ヤマブドウ、ナナカマドの実などの植物も食べるが、アリやハチ、サケやシカなどを好んで食べるなど、肉食性が強い。ヒグマは、生息圏が広いこともあって、狭められていく草原を追うように北上していった。その後、本州と北海道を繋いでいた氷の道が解け、津軽海峡を境にして棲み分けが成立した。本州に残ったヒグマは絶滅したと考えられる。自然界における、移動型の縄文人と、定住型の弥生人の違いに似ている。

しかし、森林化に適合して繁栄を勝ち取ったかに見えた本州のツキノワグマも、現在は、森林開発と、自然林を伐ったあとスギやヒノキの人工林を作る戦後以来の拡大造林によって、生息域が分断され、群れの孤立化が進んでいる。人工林や林道によって生息域が分断されると、他所に移動できない。行動範囲が限られると、餌が確保できなくなる。また、近親交配が続くと遺伝子の劣化が進み、絶滅の可能性が高くなる。北海道のヒグマにも、同じ問題が起こっている。

現在、鳥獣保護や狩猟規制などによって、表面的にはクマの生息数は増えているといわれるが、その裏ではクマの生存を左右する問題が秘かに進行している。自然そのものが危ない。クマは、自然を破壊しているのが人間だということを知っている。その恐ろしいばかりの人間の破壊力を、潜在的に畏怖している。太い枝を手で叩き砕く力を有するクマから見ても、はるかに巨大な木をチェーンソーで切り倒し、軽々とクレーン車で運び、車で自分より早く走り、遠くから鉄砲で撃ってくる超人的な力を目に焼き付けている。

またクマは体が大きい割に性格が臆病で、本能的に人間を避ける行動をとる。だが、何かの拍子に、人間が自分より弱い存在だと分かったときに、躊躇なく襲ってくる。自然界では、力があるものが生き残るという、絶対的な法則が生きている。

だが、もっと大きな問題として、我々人間が、クマをはじめ山の動物たちの生殺与奪の責任を負っていることを、強く自覚しなければならない。

海蛇

（エラブウミヘビ）

沖縄、池間島のトガイ（岬）には、マジモノ（亡霊）が出るという。新月を前にした闇夜である。島の西端のトガイへは、人家から四キロ離れたアダンの林を抜けて行かなければならない。島の者は、日が落ちると林には近付かない。夜になると、墨を塗り込めたような重層な闇の中に、何者かの気配が漂っている。

その男は、わざわざ月の出ない闇夜を選んで、深夜に一人でそこを通ってトガイに行く。男は、島で数が少なくなった海蛇捕獲人で、漁は月の出ない闇夜の干潮時に行われる。六月から八月にかけて、海蛇が産卵のために磯に上がってくる。蒸し暑くて、月が隠れた闇夜がいい。夜の干潮時、八時頃から午前三時、四時の夜明けまでが最盛期になる。単独で海蛇に戦いを挑む漁師の血が、マジモノの恐怖をねじ伏せる。

数メートル先を照らす懐中電灯の明かりを道標にして歩く。鬱蒼《うっそう》としたアダンの林の中に、そこだけ掃《は》き清めたように開けた狭いテラチ（タイラチ）に出る。中央に、上部が平らな大きな石が巨大な黒い影を作っている。こめかみが痛くなるような、張り詰めた空気が漂っている。そこは、かつて死者を葬った霊地だった。

島では、近年まで死者が出ると火葬にせず、遺体をここに運んできて石の上に寝かせて放置した。肉体は自然に腐敗していく。あるいは鳥や野生動物、虫などが処理する。風葬、鳥葬、犬葬、虫葬などによって肉体は跡形なく消滅し、魂は天に昇る。残った骨は集めて亀甲墓に葬られる。だが、不義理をすると、家の墓には入れてもらえない。あの世とこの世の間で迷っている霊がいる。

人間の霊だけではない。沖縄の島々には、アカマタ、クロマタ、マユンガナシ、アンガマ、フサムラーなどのマジモノがいる。島の端には祖先神を祀《まつ》る御嶽《うたき》がある。御嶽に祀られている神は、海の彼方のニライカナイからやってきた渡来神で、島に新しい文化や技術をもたらした神として崇められるが、やがてその支配力を恐れた島民によって惨殺された。その強い怨念の力が、新たな侵入者から島を護っている。

竹富島には「鉄男」の来訪神神話が語り継がれている。鉄男は、新たな鉄文化を携えて海からやってきた。鉄男は、全身が鉄で出来ている。鉄男は、島民に新しい農耕技術を教え、鉄の農具を貸し与えて、収穫が飛躍的にのびる。島は豊かになる。しかし、収益の多くは鉄男に搾取され、支配力が強くなっていく。

危機感を覚えた島民たちはひそかに反乱を画策し、妻にされていた島の娘しか知らない、鉄男の体に一ヶ所だけあるといわれる肉の部分を聞き出して、殺害を果たす。その鉄男の怨霊が、島の守り神になっている。こうした「神殺し」の信仰文化は、日本各地にある。周囲を海に囲まれた島には、さまざまな霊が共存している。

暗闇に、懐中電灯の丸い光の輪が揺れる。アダンの葉が重く垂れ下がり、その下の闇を一層濃くしている。身を低くして歩くと、葉の先が人の手のように頭や肩をサワサワと撫《な》でる。体を支えるものが欲しいが、傍らの木や岩には猛毒のハブが潜んでいる恐れがあるので、迂闊《うかつ》に触ることができない。ハブは、人間の体温を感知して襲ってくる。見えない恐怖がなおさらに増幅する。鳥肌が立つ。その一方で、風がなく蒸し暑い夜で、背筋を汗が虫のように這い下がっていく。

アダンの林の中に、砂地を踏み荒らしたような跡が続いている。男は迷うことなく平然と分け入っていく。長年通い馴れた道だった。

男は、もう二十数年、エラブウミヘビを専門に捕って生計を立てている。家のオジイがエラブウナギ捕りで、捕り方を教わった。十歳ごろ、オジイの漁についていったのが最初だった。そのときには二、三匹しか捕れなかった。子ども心にくやしくて、オジイの捕り方をじっくり見て、翌日一人で出かけて三十キロも捕って帰って家族を驚かせた。エラブウナギは猛毒の蛇だが、捕れば金になるので、家族は心配するより家計の助けになるといって喜んだ。そのうち、オジイよりたくさん捕るようになった。

若い頃は漁船に乗った。カツオ、メバル、サヨリなどを、沖縄独特の「巻き落とし」や一本釣りで釣った。船は一トンの小船で、二、三人で漁をする。だが、仲間は仕事に身が入らず、何がしかの理由をつけて漁を休むのに嫌気が差して、一人でできるエラブウナギ捕り専門になった。

「他人に気兼ねしなくてもいいし、今日は一時間、明日は十時間、どんな働き方をしようが自分の裁量だからよ。それに短時間で金が稼げる。これが一番さ」

沖縄の島人《しまんちゅ》は、諸々の苦難をくぐり抜けて、サンゴ礁の海のように底抜けに明るい。岩を打つ波の音が聞こえてくる。林が切れると、闇を抜けて頭上に月のない明るい空が現れる。だが、目を落とすと、明かりがなければ、自分の足元も見えない。手探りで切り立った岩場を降りる。スサイブー（岬の間の窪《くぼ》んだ場所）に立って、男は身支度にかかる。

頭に手拭いを巻き、顔にミーカガンをつける。ミーカガンは、モンパノキをくりぬいてガラスをはめ込んだ沖縄独特の水中眼鏡で、ミーは目、カガンは鏡の沖縄言葉だ。頭に回すゴムは、古くはタイヤのチューブを細く切って使った。このミーカガンの発明によって、沖縄の潜水漁が飛躍的に進歩した。

下半身は薄いステテコ、足にはスパイク付きの磯足袋を履く。手には懐中電灯と、二メートルほどの引っかき棒、捕った海蛇を入れる布袋を持ち、足場の悪い崖を下って海に入る。遅れまいと、ヘッドランプをつけて後ろに続く。

磯は、潮が引いて、水は膝下くらいしかない。水は透明度がよく、海の底がはっきり見える。足の下はサンゴ礁で、急な落ち込みや穴があちこちに空いている。踏み外すと、足がズタズタに切れてしまう。だが、懐中電灯を行く手に向けると、足元は闇に飲み込まれて見えない。明かりを上下させながら恐る恐る歩く。そんな悪戦苦闘をよそに、かの男は自分の庭でも歩くようにスタスタと引き離していく。真っ暗な海に一人、取り残される。崖下に立ち止まった影を追って、足を早める。

磯に打ち返す波が、ズボンの裾をまくった脛をやさしく洗う。水の中の足首あたりを何かがくすぐっている感触がある。懐中電灯を照らしてみる。揺れる波間に蠢《うごめ》くものがある。背を屈《かが》めて目を凝らしてみると、黒と黄の縞模様をした海蛇が足元に群がっている。海蛇は組んずほぐれつしながら足に絡み、すり寄ってくる。生来の蛇嫌いの上に、海蛇にはハブ以上の猛毒があるという話を思い出して、全身が総毛立つような恐怖に襲われる。足が硬直して動けない。

「エラブウナギは猛毒だけど、おとなしい。口が小っちゃくて指の間くらいしか噛めないから大丈夫さ！」

男が平然と言い放つ。〝いい大人が、何を怖がってるの！〟という、なかば呆れた顔をしている。

島人に、「エラブウナギ」と言われると、なんとなく危険度が薄れる。沖縄では一般に、単に「イラブー」という。石垣島では「エラバー」、久高島では「ソーイラブー」、またオスを「ソームン」、メスを「ウーサー」などと呼ぶ。いずれも沖縄言葉のやさしい抑揚で言われると、響きに危険な匂いはしない。

だが、正式の名称は「エラブウミヘビ」。爬虫類、有鱗目コブラ科エラブウミヘビ属の、正真正銘の海蛇である。エラブトキシンという神経毒を有し、その毒性はハブの七十〜八十倍だといわれている。性質はおとなしく、確かに口が小さいが、捕らえようとしたり、不用意に手を出すと攻撃してくる。噛まれれば死に至る危険がある。ひとより指が太いからといって安心できない。

男は、身動きができない軟弱な連れを見限って、背を向けて歩き出す。闇夜の海に置き去りにされるのも怖いので、下を見ないようにして後を追う。足をすり抜ける感触に必死に耐える。

男は、崖の前で足を止めて、波打ち際の小さな洞窟に入っていく。その背後から覗き込むようにして懐中電灯を照らすと、海水で濡れた岩場に数十匹の海蛇がひと塊りになって蠢いていた。岩壁の穴からも頭が出ている。足元を照らすと、海からも続々と集まってきている。そこは海蛇の産卵場だった。子どもの頃、何気なく切り株の根を掘ったら、蝮《まむし》が何十匹も群がって交尾をしていた光景が蘇《よみがえ》って身震いがした。

「イラブーは産卵の時期に陸《おか》に上がって、一ヶ所に集まってくる。それを狙って捕るのさ！」

男は振り返って、顎下から明かりが当たった不気味な顔で笑った。海のマジモノに見えた。

エラブウミヘビは、普段は水深二十メートル以内のサンゴ礁の海に生息している。海蛇は爬虫類なので基本的には肺呼吸をしている。だが、皮膚呼吸もでき、一時間程度は水中に潜っていられる。ときどき海面から小さい頭を出して息継ぎをする。

活動はほぼ夜間で、魚などを捕って食べる。昼間は、海岸の岩場の隙間などで休んでいることもある。繁殖期にオスもメスも陸に上がって交尾をする。五月から八月にかけての産卵期に大量の群れが一ヶ所に集まってきて、海水面より上の洞窟や岩の割れ目などに、一～十個の卵を産む。エラブウナギ捕りは、このときを狙って一網打尽にしようとする。

因みに、卵は百五十日で孵化する。子蛇の頃は体色が鮮やかな青色をしているが、成長して脱皮が近くなると黒ずんで、背面に黒と黄色味を帯びた縞模様がはっきり現れてくる。オスが体長約百三十センチ、メスの方がそれより大きくなる。

男が、狭い岩穴に体を潜り込ませていく。群れの中に無造作に手を入れて、大きめの海蛇をつかみ出す。尾をつかんで持ち上げる。鎌首を上げて手を噛む力はないようだ。首の付け根を持ち直すと、小さな口を開けて怒りを表す。小さいが鋭い歯から毒液が滲《にじ》み出てくる。

「これを舐《な》めたら死ぬさ。島には診療所はないし、血清もないからよ」

笑いながら、布袋に放り込む。

そのあと、男は漁に集中する。エラブウナギ捕りにとって、宝が目の前に無尽蔵に近くある。素人に構ってばかりいられない。岩穴に潜り込み、海蛇を次々につかみ出す。岩穴の奥に入っているのは、ためらいもなく手を突っ込んで引っ張り出す。手が届かない時は、穴の奥に引っ掛け棒を差し込んで引き出して捕える。

エラブウミヘビは、大きいものは体長一メートル以上、重さは約二キロを超える。なかには、体長二メートル近くて、胴回りが一升瓶ほどもあり、重さが三キロを超える大物もいる。大きいほど値がつくので、絡み合う群れの中から優先して捕る。素早い動作で尾をつかみ、引っ張り上げて無造作に布袋に入れていく。

覚悟を決めて自分でもやってみる。恐る恐る尾をつかむと、体をくねらせながら前に逃げようとする。体が地面に着いていると、かなり力が強い。体表の皮膚が意外に硬く、小さな鱗がザラザラする。目の粗いヤスリのようだ。小さな穴に入ると鱗が立って、なかなか引っ張り出せない。頭の方からだと鱗が寝て滑らかに引っ張れるが、噛まれると怖いので手が出せない。

強く引っ張ると、硬い皮膚の下がズルッと動く。皮の下の肉身が、全身筋肉のように硬く引き締まっている。尾を持って持ち上げると、首を振りながら横に逃げようとする。その頭が白分の方に向いてくると、攻撃してくる様子はないが、腰が引けてしまう。急いで袋に入れる。

袋は次第に膨らんで重くなってくる。だが、袋の中に空気が貯まり、浮き袋のように水に浮くので、引いて移動していく。布袋が海蛇でいっぱいになると、切り取った恐竜の心臓のように脈動している。

布袋には約十五キロ入る。日によっては一晩に二袋、約三十キロ捕ることもある。以前には、繁殖、産卵の時期に、水面が盛り上がるほどエラブウミヘビが押し寄せてきた。懐中電灯を口にくわえて、エラブウミヘビの群れの中に飛び込んで、泳ぎながら片っ端からわし掴《づか》みにして捕った。

「一晩かかって、十五キロの袋を家まで八回も運んだ。いまじゃ、誰も本気にせんと思うよ」

池間島には、数人のエラブウナギ捕りがいる。島全体の一年間の水揚げは三・五〜四トン。そのうち二トンを彼が一人で捕る。他人は「名人」と呼び、自分でも「天職」だと自認している。

だが、エラブウミヘビは年々捕れなくなっている。沖縄の島でも海岸の開発が行われて、海蛇の産卵地が変化している。赤土の流出や、海水の温度の上昇などによってサンゴ礁の白化や死滅が進んでいる。一時、無秩序な乱獲が行われて、生息数の減少に拍車がかかった。需要も落ちている。年々、エラブウナギ捕りが商売として成り立たなくなってきている。

この日、七キロほどの収穫があった。荷物をまとめて、崖に上がる。足手まといが一緒だと、漁に身が入らないらしい。東の空が薄ぼんやりと明るくなってきていた。

捕ったエラブウミヘビは、現在キロ七百円ほどで加工業者に売られる。ほとんどが燻製にされる。

燻製にするには、一度熱湯で茹でる。茹《ゆ》でると尾に近い腹部からオチンチンが飛び出す。茹でたら、エラブウミヘビの頭と尾を両手に持って、ひもでゴシゴシとしごいて鱗を取る。スパンコールのような硬い鱗が飛び散る。同時に、糞を絞り出す。

そのあと、一匹ずつ渦巻き状に巻いて、竹で編んだ大きなウナズ（聖籠《せいろう》）に並べて、燻製窯で燻《いぶ》す。ガジュマルの木やスギを燃やして燻す。棒状のものなら五昼夜、渦巻き型は九日から十日かけて燻製にする。身が三分の一から四分の一に縮む。エラブウミヘビの燻製は、沖縄の市場で四千円から一万円で売られている。生の冷凍は二千円前後で買える。

エラブウミヘビは、主に「イラブー汁」にして食べる。イラブー汁は、手間と時間がかかる。燻製をよく洗ってから一度煮て、柔らかくなったらブツ切りにして、再度煮込む。生の場合は、よく洗って、鍋の水を替えたり、アクをこまめに取るなど、下準備をしっかりしないと生臭みが残って食べられない。

煮るとかなりの脂が出る。アクを取りながら煮込む。カツオや昆布のダシで八〜十時間かけてじっくり煮込む。美味しいダシが出る。浮いてくるアクを丹念に取ると、琥珀《こはく》色の澄んだスープができる。十分にダシが出ているので、調味料は塩だけで味を調える。具には、豚足や豚肉、野菜、島豆腐などを入れる。味が染みて美味しい。

島豆腐は、水に浸した大豆を潰した「生呉汁《なまごじる》」を、そのまま濾《こ》した「生搾り」に、海水の天然ニガリで固めた独特の豆腐で、縄で縛って運べるほど固くて濃い味がする。チャンプルーなどの豆腐料理に欠かせない。

イラブー汁は、煮込みが足りないと、皮がゴムのように弾力があって、なかなか噛み切れない。時間をかけて煮込むと、皮が箸で切れるほど柔らかくなる。皮は鱗は取ってあるが、ブツ切りにされた状態が〝生前〟の姿を蘇らせて、一瞬、箸が止まる。

思い切って口にすると、その先入観念が消えて、箸が進む。肉身はしっかり詰まっていて柔らかく、鶏肉のような食感がある。カツオ出汁が効いているせいか、火を通したときの脂身のないカツオの身のようでもある。柔らかく炊いた身欠きニシンに似ているという人もいる。

卵は大きめで楕円形をしている。茹で卵や燻製にして食べる。外殻は薄い皮状で、ペロリと剥いて食べる。白身が少なく、黄身が大きい。ねっとりした、濃厚なチーズのような味がする。かつては、病気のときや、妊婦が出産のときにしか食べられない貴重なタンパク源だった。エラブウミヘビを一匹丸ごと泡盛に漬けた「イラブー酒」や、粉末を練り込んだ「イラブー・チンスコウ」などの菓子もある。

エラブウミヘビの燻製は、沖縄では古くから滋養強壮の食べ物として珍重されてきた。発汗作用、血液の浄化作用があるといった。神経痛やリュウマチ、打ち身、利尿にも効く。かつて那覇にあった辻町遊郭では、遊客もお女郎さんもエラブウミヘビをよく食べたという。即効性があり、食べるとすぐに目が潤んでくる人もあるという。

「男は精力をつけたい。女は男を誘いたい。疲れを取りたいし、病気になりたくないしよ。イラブーを食べれば元気になるさ」

遊郭は、エラブウナギの上得意先だった。とくに久高島のイラブーの燻製は品質がよく、高値で売れた。

イラブー汁は、琉球王国時代（一四二九〜一八七九）の宮廷料理として供されてきた。宮廷料理は、中国からの使者である冊封使《さっほうし》を国賓として最高級にもてなすための料理で、食材を厳選した薬膳料理が主だった。中国の食文化の影響が色濃く受けているといわれる。豚肉を使った料理が多いが、イラブー汁もテーブルに載せられた。

亜熱帯地方に属する沖縄は、気候が高温多湿で食べ物が腐りやすい。魚を刺身で食べる習慣はなかった。生で食べるときは酢につけて食べた。野菜は主に炒めたり、煮たりして火を通して食べた。チャンプルー料理が庶民に定着した。

沖縄では、古くからエラブウミヘビが、ニライカナイからやってくる神の使いとして信仰の対象でもあった。それを食すことは、神秘の霊力を体内に宿す行為でもあった。

沖縄の人たちは、イラブーの薬効を信じて疑わない。とくに、体を悪くした人や、歳をとったオジイやオバアは、イラブーをありがたがる。沖縄の若い人たちも、イラブーに対する抵抗はほとんどない。郷土の味は、沖縄人の遺伝子にしっかり組み込まれている。

【エラブウミヘビの民俗学的考察と独断的私見】

沖縄では、かつてエラブウミヘビは神の使いとして崇められ、それを捕ることは、島の神事を取り仕切るノロ(祝女)の家系の者にしか許されなかった。

ノロは、「ノロ殿地《どぅんち》」と呼ばれる家系から選ばれる。世襲制で、各地域の有力按司《あんじ》の肉親で、姉妹、妻など女性のみの役職だった。とくに霊感の強い人が選ばれ、巫《かんなぎ》として、御嶽《うたき》を管理し、ときに神を憑依《ひょうい》させる依代《よりしろ》となる。

御嶽は、「ウムトウ」と呼ばれる、海に近い森の奥深い神聖な場所にある。ノロはそこで秘密の儀式を通して神々を招き、五穀豊穣や子孫繁栄、国家安寧を祈る。沖縄神道は、ノロは創造神のアマミヨシをはじめ、さまざまなものに宿るとされる精霊たちと交信できる祭司であると同時に、王族に仕える神官の地位を与えられていた。口から入る料理の災いを祓《はら》うのも重要な仕事だった。

島の神は、海の彼方からやってくる。神は、ニライカナイの常世から海を渡って訪れ、また海を渡って帰ると信じられてきた。人の魂も、海の彼方からやってきて、死してまた海の彼方に帰る。ノロは、あの世とこの世を行き来する神の託宣を聞く役目をする。

また、沖縄の島々ではエラブウミヘビを、常世からの「使い神」として崇拝した。本来、陸に生息するべき蛇が、決まった時期（繁殖と産卵）に海を泳いでやってきて、再び海に帰っていくエラブウミヘビの習性が神秘的に見えたに違いない。ウミヘビを「龍蛇神」として崇める、古代信仰が色濃く残っている。

ウミヘビを神の使いとする宗教儀礼は、本州の出雲地方にも伝わっている。出雲大社や佐太神社、日御碕神社では、旧暦の十月に、海辺に打ち上げられたウミヘビを、神の使いの「龍蛇様」として奉納する「神在祭」の儀式が行われる。「神在祭」は、全国の神々が出雲に集まるため、各地の神がいなくなる「神無月」にあたる。こうした龍蛇神信仰は、出雲と南方系の海人族との関連をうかがわせる。

遥か南方から黒潮に乗って、日本の海辺に漂着するウミヘビは、常世の神から遣わされた「龍蛇様」であり、脱皮をする蛇の神秘性から「死と再生」のシンボルでもあった。

出雲の海岸に漂着するウミヘビは、ほとんどが死んでいるといわれる。その姿の特徴は、背が黒く、腹部は黄色で、尾は黄色に黒い斑点がある。尾に、水かきと思われる小さなヒレがある。そこから、出雲の龍蛇様の正体は、セグロウミヘビと断定されている。

セグロウミヘビは、海流に乗って海を旅する外洋性のウミヘビで、インド洋から太平洋に広く分布している。広大な外洋を泳いで渡る。

陸に上がることなく、数千キロを泳ぐといわれている。腹面のウロコは完全に退化して、水の抵抗がない。ヘラ状の尾を使って水中を速い速度で泳ぐ。泳ぐのに適した体に進化した。肺呼吸をするが、数時間、呼吸を止めて水中に潜っていられる。その一方で、海で生息していながら、塩分の濃い海水を飲むことができず、脱水状態になっても数ヶ月は生きられる。一説では、空から降る雨を飲むといわれる。

因みに、背と腹のはっきりとした色の違いは、隠れることができない海上で、外敵から身を守る警戒色だといわれている。腹面の鱗がないので、陸上では思うように移動ができずに死んでしまうことがある。日本の海岸で死骸が見つかるのはそのためかもしれない。

食性は、海面に静止して、自分の陰に集まってくる小魚を餌にする。交尾も産卵も水中で行う。陸に上がって産卵するエラブウミヘビと違い卵胎生で、腹の中で孵化させて二〜六匹の小蛇を海中に産む。猛毒で、牙だけでなく、体の肉にも毒があるという。その生態には、いまも謎が多い。

セグロウミヘビは、目が鋭く、夜の海で金色に光るといわれる。外洋を航海する乗組員が、稀に闇に光る黄金の矢を見ることがあるという。沖縄の漁師は、夜の漁でときどき金色の光を見かけることがあり、古くは竜宮の使いとして信仰した。因みに、越前地方の「加賀」の語源は「加加《かか》」、「輝き」の意で、金色の矢を表す「セグロウミヘビの金色の目」だとする説がある。

また、出雲の宇賀や各地に祀られる「宇賀神」は、頭部は弁財天、下半身がトグロを巻く「人頭蛇神」として祀られているが、もともと弁財天はインドの川の神で蛇神や龍神と同一視される。外来神の弁財天が、日本の古神道の宇賀神と集合して、人頭蛇神の「宇賀神」が生まれた。あるいは、南方から海を渡ってきた弁財天もまた、セグロウミヘビの化身であったかもしれない。

未知なるものに対する本能的な畏敬や畏怖の念が、神を創《つく》る。その強い霊力はさまざまな自然物に宿り、あるものは人間の口から体内に取り込まれる。魔物も災いも口から入ってくる。箸はそれを防ぐ絶縁体でもある。人間は生きるために食わなければならない。だが、ただ空腹を満たせばいいわけではない。人間も自然界の一員として、何を捕り、料理して食べるのか思考をめぐらさなければならない。「食」に関する命題は限りがない。

海馬

（トド）

人々は、その男を「オホーツクの殺し屋」と呼ぶ。男は、それを讃仰《さんごう》だと思っている。

男は、レミントンM110のライフルを携えている。予備のつもりか、傍らにはハスクバーナの散弾銃が置いてある。レミントンM110は、アメリカレミントン・アームズ社が開発した銃で、ガス圧作動方式のセミオートマチック式のライフルだ。口径十二番、銃身長二十八インチ。弾丸発射時の反動やブレが少ない。世界のベストセラーに数えられる名銃だ。ハスクバーナは、スウェーデン、ストックホルムに本社がある農林、造園機器のメーカーだが、狩猟銃もよく知られている。ごく一般的な銃だが、その分扱いやすい。

男は、その銃を長年使い込んできた。微かな銃の癖も知り尽くしている。すでに体の一部になっている。狙った的を外すことはない。数えきれない獲物を仕留めてきた。

オホーツクの殺し屋が狙う相手は「海のギャング」と呼ばれている。正式の名は「トド（海馬）」。そこに「アザラシ（海豹）」が混ざっている。

彼らは毎年、オホーツク海に流氷が接岸する一、二月に、アリューシャン、千島列島あたりから海を渡ってきて、海明けの四月頃まで居座り続ける。獰猛で、食欲旺盛な彼らは、漁師が仕掛けた底引き網や定置網を破壊し、漁獲物を奪っていく。一頭が一日に四十〜五十キロの魚を食べる。大挙した群れに襲われると、一日に八百トン余の魚が食い荒らされる。北の漁師は、恨みを込めて〝奴ら〟を「海のギャング」と呼ぶようになった。

トドは、巨大な体躯《たいく》をしている。体長約三メートル、体重は千キロを誇っている。全身を黄褐色の短い体毛に覆われ、上半身が肥大化している。オスは、額《ひたい》が異常に隆起し、後頭部の体毛をタテガミ状に伸ばしている。オスは、常に数頭から数十頭のメスを従えてハーレムを作っている。

トドの群れは、北海道知床半島の沿岸を根城にして、もっぱら夜に暗躍し、明るい日中は岩場や流氷の上でのんびりと昼寝をしている。開けっぴろげに交尾をしていることもある。人間を少しも恐れない。船で近付くと、鼻であしらうようにスルリと海に潜ってしまう。しばらくすると、ひょっこり海面に坊主頭を見せる。目を細めて口角を上げた表情が嘲笑《あざわら》っているようで、地元の漁師は癪《しゃく》に障る。胸がムカムカする。

アザラシは、日本近海に五種が生息している。ワモンアザラシは流氷の多い地域に生息し、大型プランクトンや小魚類を捕って食べる。アゴヒゲアザラシは、流氷の移動する浅い海域に生息し、底魚やカニ、貝類などを食い散らかす。冬から春に流氷の上で出産し、流氷が消えるとそのまま沿岸に居ついてしまう。年々、数が増える。

かくて漁師たちは、トドに賞金をかけた。漁業組合から、一頭三千五百円を拠出することになった。賞金が低いようだが、相手は二万頭近くもいる。腕のいい〝殺し屋〟なら、一日で十数頭の獲物を仕留める。

「一日にトド十五頭、アザラシを三十五頭獲《と》ったこともある。人より少ないと面白くねぇべさ」

知床で名を知られた腕っこきの殺し屋が、声を抑え気味に言った。獲れば獲っただけ金になる。しかも、胴元の漁業組合では、獲物をいちいち引き取っても処理に困るので、獲った証明として両手（ヒレ）の先を切り取って持ってくれば賞金を渡す。別に、肉はミンクなどの餌になり、毛皮は、坪（一尺（約三十センチ））千円で取引きされてきた。

男は、地元で食堂を自営していて、店でトドの料理を出している。彼にとって、一石二鳥の仕事なのだ。だが、心に秘めた心情は、金儲けだけではない。極寒の知床に生きる者にとって、海獣のトドやアザラシとの敵対と共存の関係は、抜き差しならない宿命であり続けた。

男は、現在五十八歳。いまはロシア占領下にある北方領土、歯舞《はぼまい》諸島の志発島《しぼつじま》に生まれた。歯舞諸島は、北海道最北端の根室半島、納沙布岬の沖合七十三キロに点在する島々で、戦前は水晶諸島と呼ばれていた。水晶島、秋勇留《あきゆり》島、勇留島、志発島、多楽島の五島と、多くの小島から成る。

最大の島の志発島が周囲四十五平方キロ、最小の秋勇留島は、五平方キロしかない。自然環境は厳しいが、昆布やカニなど魚類の好漁場だった。冬は海が流氷に閉ざされ、トドやアザラシを獲った。肉は食料になり、毛皮は高く売れた。島民は、貧しかったが平和に暮らしていた。だが、第二次世界大戦の敗戦によって島を追われ、一家で北海道に移り住んだ。

北海道を転々としたあと、三十歳のときに羅臼に腰を落ち着けた。知床半島の先端から、北方の島々が間近に望める。町に食堂を営む傍ら、銃を手にしてトドやアザラシを獲るようになった。いままで仕留めた獲物は一万頭に届くという。筋金入りの殺し屋だ。毎年、人々が嫌う流氷の季節を待ち焦がれている。

今年は、年が明けて早々に流氷が押し寄せてきた。海岸に大小さまざまな流氷が接岸し、強い寒気がくると氷が張って一面の氷原と化す。その氷原を、船の舳先《へさき》で砕きながら漁船が出漁していく。この時期、港はスケトウダラの漁で活気を呈している。

まだ暗い早朝から港に明かりが煌々《こうこう》と照り、漁船がひっきりなしに出入りしている。全国各地からも漁船や漁師が集まってきている。北の最果て、羅臼の町が一時の賑わいに沸き、夜な夜な嬌声が響くネオン街に、出稼ぎの漁師が札束を撒《ま》き散らしていく。

その一方で、海のギャングも、漁師が捕るスケトウダラを狙っている。大食らいで、根が怠け者のトドは、海に潜ってスケトウダラを一匹ずつ獲っているより、人間が網で一網打尽にしてくれた群れを横取りした方が効率がいいことを学習してしまった。漁師が厳寒の海に出て、せっせと網を仕掛ける様子を寝転びながら眺めていて、漁師がネオン街の女狐にたぶらかされている間に、網を食い破って獲物を攫《さら》っていく。

オホーツクの殺し屋たちに出番が回ってくる。だがこの数日、海が荒れて足止めをくらっている。連日、気温がマイナス二十度以下に下がり、流氷の海が大きなうねりに揉《も》まれている。横殴りの雪が吹き付ける。氷原が軋《きし》んでキューキューと鳴く。漆黒の夜の海は、大の男さえ胸に迫るものがある。

何日も浜に繋がれたトド撃ちの船は、氷に閉ざされて波に揺れることもない。殺し屋は、海に出られなければ、ただの飲んだくれの親父でしかない。毎日、新聞やテレビの天気予報を睨《にら》み、たびたび海の様子を見ながら、無為の日々を過ごす。蛇の生殺し状態に苛立《いらだ》って、つい酒に手が出る。

だが、筋金入りの殺し屋は、常に神経を研ぎ澄ませている。日に何度となく浜に出て、風向きや流氷の状態の微妙な変化を読む。久しぶりに潮が動いている。一面に張った氷に割れが入って、流氷が沖に向かって動いている。

「よし、いける！」

殺し屋が決断する。殺戮者の顔になる。すると、阿吽《あうん》の呼吸で、相棒の船頭がやってくる。昔から「トド撃ちは船頭次第」といった。海の上で、警戒心が強く、動作が俊敏なトドを撃つには、ハンターと船頭の息が合わなければ仕留めることはできない。鉄砲の腕に覚えのある殺し屋も、船頭には一目を置いている。

トド撃ちの船は、十馬力のエンジンが付いた小舟だ。真冬のオホーツク海は波が荒い。おまけに天気が変わりやすく、馬力が小さい船は木の葉のように翻弄される。船底をさらうような波に裏返しにされる危険がある。だがその一方で、小回りがきく小船でなければ、泳ぎが達者なトドを追いきれない。また、トドは銃で撃たれると、体の重さですぐに海中に沈んでしまうので、素早く船を走らせて引き上げなければならない。自在に動ける小船と、船頭の腕に頼らざるを得ない。

船のエンジンが北の海の静寂《しじま》を破る。船が波を蹴って疾走する。走り出したとたんに、一瞬で体が凍りつくような冷気に吹きさらされる。カミソリの刃のような鋭い冷気が、重ね着した衣服を容赦なくすり抜けて凍え上がらせる。全身が凍りつき、心臓だけが熱を持ってドクドクと脈動している。

沖に浮かぶ流氷に向かって、船を一直線に走らせる。トド撃ちは、先に群れを見つけた者に優先権がある。先陣争いに遅れたら、別の群れを探さなければならない。銃声が聞こえない距離を空けるのが仲間内の仁義になっている。

この日は、なかなかトドの群れが見つからなかった。久しぶりの晴れ間に、餌を追って沖に出ているのか、あるいはすでに危険を察知して陸地を離れているのかもしれない。港を出て、すでに二時間が経とうとしている。沖合に国後島の島影が見える。

男は、船の舳先に渡したロープを体に巻きつけ、銃を抱いた姿勢で立つ。激しく揺れる船上で、背をのばして杭のように立ちつくしている。舳先には、万一の転倒に備えて、トラックのタイヤチュウブがくくりつけられている。

舳先に立ち、前方に目をやったまま、無言で手を動かして船頭に方向や速度を指示する。氷点下の寒風に体が硬直する。じっとしていると、いざというときに筋肉が動かない。かじかんだ指が、引き金に一瞬の遅れを生む。立ったままの姿勢で、何度も銃を構えて「肩つけ」の練習を繰り返して、固まった体をほぐす。船の揺れを膝で吸収させ、上半身と銃を一体化させる。銃座を肩と頬で固定し、目と銃の照門、照星が一直線に結ばれる。その直線上にトドを捉えたら、反射的に引き金を引く。

トドは、天気のいい日は、沖に出て流氷の上でのんびり昼寝をしたり、餌を獲ったりしている。一夫多妻のトドは群れでいることもあるが、群れから離れて一頭で海面から頭を出して泳いでいることもある。

遥か沖合いの流氷に黒い点が見える。船に緊張が走る。船のエンジンを落として、静かに走らせる。トドに気づかれないように、注意深く接近する。

「ここから撃っても命中させる自信はある。しても、トドはすぐ海に沈んでしまうべ。そしたら金にはならね。トドも無駄死にになるべさ。仕留めたら、ちゃんと食ってやらないと供養にはならねぇべさ」

声が風に吹き飛ばされる。口に指が当てられる。狙ったトドの風下から近づくのが鉄則。船頭は常に風向きを見ている。風で梢《こずえ》を揺らす樹木がない海上で船を走らせていると、本当の風の方向が分からない。だが、空を舞うカモメは、必ず風に向かって飛ぶ。また、船頭はときどき船の速度を落として風向きを見る。離れていれば、煙草に火をつけて煙の方向を見る。

風を真正面に捉えるようにして船を走らせる。流氷が大きくなってくる。黒い巨体を横たえるトドの姿が、視界にはっきりと捉えられる。すでに銃の射程距離に入っている。出来るだけ近くに寄る。

トドが顔を上げる。素早く巨体を滑らせて海に潜る。船は、その時の姿勢から潜水する方向を予測して、浮上する場所へ先回りする。殺し屋が舳先に直立し、前傾姿勢で銃を構える。一定の距離を置いて、船のエンジンを切る。船は木の葉のように揺れる。時間が停止する。

やがて、約三十メートル先の粘りつくような黒い海面に、小さな泡が浮いてくる。泡が次第に大きくなる。それに続いて、海中から黒い影が浮き上がってくる。トドが頭を出し、大きな息を吐く。船に気づいたが、息継ぎが一瞬遅れた。素早く巨体を反転して、流氷の裏に回ろうとする。

その瞬間に、レミントンM110が火を噴いた。トドが血飛沫《ちしぶき》を上げてダイビングする。間髪を入れずに、船を全速で走らせる。トドが海中に沈んで回収不可能になる前に、モリを打って船に引き上げなければならない。

トドの急所は、耳の下の握りこぶし大の部分。そこを射抜けば、トドは苦しまずに即死する。他を撃っても、トドは致命傷にはならない。一発で仕留めないと、手負いのトドは死にもの狂いで暴れる。船の舳先やスクリューを食い破って、凶暴さを露《あらわ》にする。過去に何度か、船に引き上げたトドが息を吹き返して、背後から襲われるという事故が起きている。トドが船の上で暴れたら、船は流氷の海に転覆してしまう。人間はそのまま死に繋がる。「板子一枚下は地獄」

が、海の男の宿命だ。

一トン近いトドの巨体を二人がかりで船に引き上げる。船が転覆しそうに大きく左右に揺れる。船底の真ん中に寝かせてバランスを取る。船底に、水漏れがしたように血が溜まっていく。興奮の余韻を引きずることなく、船は次の漁場を目指して疾走する。羅臼に数人いる殺し屋たちの船は見えない。遠くに船影が目に入れば、その方向は避けて、別の場所を探す。かなり沖に出てきている。振り返ると、知床半島が水平線に沈もうとしている。長時間、寒風にさらされて、体が冷え切っている。剥き出しの顔面が硬直している。凍えて歯の根が合わない。防寒具のポケットからウイスキーの小瓶を出して飲む。喉と胃だけが痺《しび》れるように熱くなる。小さな流氷をカップに入れて、オンザロックで飲む。昔からの夢だったが、少し塩っぱかった。体の血管が脈動してきた。寒すぎて酔いは回ってこない。

船の速度が落ちる。遠くにいくつか流氷が見える。トドの群れがいる。風を見て、真正面から突っ込んでいく。殺し屋は、腰のひもを解いて、舳先に身を縮める。銃をタイヤのチュウブに当てて固定し、銃身のスコープを覗く。距離を詰めながら、引き金に指がかかっている。撃ったあと、獲物が海に沈む前に船を寄せられるギリギリのタイミングを計っている。

銃声が鼓膜を震わせる。もう一発、弾丸を放つ。猛獣が吠えるような大きな咆哮が響き渡る。

船が疾走する。頭まで沈みかけたトドにモリを打って、何とか船に引き上げる。その間にも、ハーレムを形成していた群れは、遠巻きに散っただけで逃げなかった。情け容赦なく、新たに弾丸が放たれる。一発の銃弾で、巨体があっけなく海に落下する。息を飲んで、呆然と見つめているしかなかった。この日、四頭のトドを獲った。船に乗せられないトドは、ロープでつないで曳《ひ》く。

太陽がいつの間にか雲に隠れ、風景が鉛色一色に変わっていた。空気が一層冷えてきている。海面がドロリとしてきて、薄い氷の膜が、スガと呼ぶ蓮の葉状の氷になって船にくっつきはじめる。このままじっとしていると、船が氷に閉ざされて、動きが取れなくなってしまう。

昔は、漁船が氷に閉じ込められたまま、海を漂流して命を落とすことがあった。ロシア領の島にたどり着くと、船は拿捕《だほ》され、過酷な抑留生活からいつ解放されるか分からなかった。

船は反転して、全速で港に向かう。船が重いので速度が遅い。港に着くと、トドやアザラシを陸に引き上げる。顎から口にロープを通して、三、四人がかりで引き上げる。懸賞金の証拠に両肢の先を切り取り、体はその場で腹を裂く。浜や船底が血のプールになる。解体は、凄惨な修羅場になる。だが、殺し屋の男たちには、最後までしっかり処理する重い責任がある。そうでなければ、ただの道楽の殺戮に貶《おとし》められてしまう。

頭上には、血の匂いを嗅ぎわけて、ワシやカラスの群れが集まってきていた。

漁が終わって、暖房が効いた室内に入っても、体が冷え切っていてなかなか体温が戻らなかった。熱燗のコップ酒をあおって、体の内側からも熱を送り込む。極寒の冷えと、壮絶な緊張感が徐々に溶けていく。胃が動き出して、空腹感が戻ってくる。

トドの焼肉がいい匂いをさせている。肉が焼ける前に、トド肉のルイベをいただく。ルイベは、生肉を凍らせて薄くスライスしてある。生姜醤油で食べる。口に入れると熱で氷が溶けて肉の味がしてくる。赤身の肉に脂が混じって濃厚な味がする。仄《ほの》かな甘みがある。鯨肉に似ている。凍った薄い肉なので、食べやすいが、次第に血の味が強くなってくる。暖かい部屋でルイベが解けてくると、皿は真っ赤な血溜まりと化した。後は、血の付け汁で生肉を食べることになる。ルイベは時間を置かずに食べるのがコツだ。

焼き肉は、火が入ると肉が真っ黒になる。煙に血の匂いがする。トドをはじめ海の哺乳類は、体の筋肉中に血液(ミオグロビン)を溜め込んで深い潜水を可能にしているので、肉は焼くと真っ黒になり、血の焦げた味がする。肉は少し筋っぽくて歯ごたえがあり、噛みしだくにつれて、旨味が広がってくる。鯨肉と言われても区別がつかないかもしれない。

しっかり血抜きをしてから料理をする。血抜きは、一度肉を冷凍してから熱湯に入れ、大量に出るアクをこまめに取って、さらにその肉を冷水で揉むようにして洗う。トド撃ちの漁師は、仕留めたトドを、凍りつく海に数日入れておいて血抜きをする。

トド鍋は、味噌味で煮る。煮ると肉の脂で汁にこってりしたトロ味が出る。少し甘めの味噌だと美味しくて、食べやすい。肉は、醤油味や、酢味噌でも食べる。トド肉のカレーもある。トド肉は、極寒に閉ざされる冬の食糧であり、貴重なタンパク源だった。

人は、食うために生きるのではない。生きるために食う。他の命を犠牲にして生きる価値をどこに求めるのか。それが、人間一人一人に突きつけられている課題にほかならない。

【トドの民俗学的考察と独断的私見】

トドという和名は、アイヌ語の「トント」に由来するといわれる。しかし、トドの正しいアイヌ語は「エタシベ」で、「トント」は、「無毛の毛皮=なめし皮」を指す。アイヌの人たちは、古くからトドを獲って、毛皮を利用してきた。また、トドの脂は灯火に使われた。一般にアイヌ語で神を「カムイ」というが、樺太沿岸のアイヌでは、「カムイ」はトドを指したと言われる。因みにアザラシのアイヌ語が「トッカリ」という。

毛皮は、本土との交換品にされ、弓や馬術の道具に使われた。かつては、ロシアやアメリカなどからも毛皮商人が樺太あたりまでやってきて、猟師を雇って、盛んにトドやアザラシ、シロクマなどを獲った。

トドは、哺乳類ネコ目アシカ科トド属の海獣。トド属はトドしか分類されていない一種一属。同じ鰭脚《ききゃく》類のアシカやアザラシと異なり、淡い黄色や濃茶色の毛皮を纏《まと》っている。毛足が短く、オスの首回りに長い毛がタテガミのように生えることから、英名では「sealion（海のライオン）」と呼ばれている。

いろいろ古い文献をあたってみると、江戸時代の『毛詩品物図改』という本に、「魚服（トド）」の項があり、顔がタヌキ、体が全身毛で覆われた魚の、奇怪な図版が掲《の》っていて、「魚服はよく眠りを好み、つねに水上で寝る」という記述がある。

また、『本草綱目』には、「海中には海牛（アザラシ）、海馬（セイウチ）、海盧（ラッコ、アシカ）というものがあり、『和漢三才図会』には、アシカ類は紀州の島などにも産し、いつも陸地にあがって寝てばかりいる」とあり、「群れの中で一頭だけは眠らずに番をしていて、ひとたび人間が近づけば、その一頭の合図によって群れが一斉に水に飛び込んで逃げてしまう」と、生態の観察が書き記している。しかし当時は、トドもアザラシもセイウチも、ラッコも区別がつかずに混同が見られる。肉は美味くないとし、脂肪を灯油にするくらいしか価値がないという注釈がある。その一方で、海獣の陰茎や睾丸が、滋養強壮の秘薬として知られていたらしく、その道の探究心だけはいつの世でも変わりがない。

ただ、かつて日本にもアシカ類が数多く生息していたらしく、各地に「海鹿《あしか》島」の地名が残っている。一説には、千葉県銚子の犬吠埼の名は、犬吠えに似たアシカの鳴き声が語源だといわれる。とくにトドは、トラやライオンなど肉食獣のような大きな声で吠える。また、古くは交通が不便で、海岸ではよく見られる海獣は、内陸では珍しく、盛り場で見世物にされた時代もあった。

その後、世界各地でトドやアシカ、アザラシ、セイウチ、オットセイが毛皮を目的に乱獲され、十九世紀末に生息数が激減した。一九一一年になって、アメリカ、日本、イギリス、ロシア四国で保護条約が締結された。

だが、条約によって個体数が回復したのはいいが、北海道沿岸の生息数が異常に増え、一九九二年以降の漁業損失額が年間十数億円に達した。そのため一九五九年以降は害獣の駆除対象になり、一時は航空自衛隊のF86戦闘機や、陸上自衛隊の機銃掃射などによる射撃が行われた。

しかし、それはさすがに国際的に非難が集中して中止されたが、沿岸住民によるトドの駆除は、制限頭数が設けられた上で実施されている。

知床半島など北の海では、トドやアザラシは生活圏を争う敵対関係にある一方で、同じ海で暮らす仲間としての親しみも持っている。浜の住民は、トドの声を聞き、姿を見るのが日常で、漁師も漁の妨げにならなければ、船で横を通り過ぎていく。ときには、船上から捕った魚を投げてやったりもする。

トドやアザラシは、漁師にとって大事な魚を奪っていくが、トドやアザラシが見捨てて去った海は、魚がいない死の海でもある。そうした混雑した悲哀が、自然を相手にして生きる者すべての胸に疼《うず》き続ける宿命かもしれない。

あとがき

いままで、さまざまなものを食べてきた。齢《よわい》七十を越してみれば当たり前のことではあるが、長い人生を、好奇心だけをエネルギーに変換して生きてきたようなところがあり、人様が体験しないですむような修羅場をくぐり抜けて、何とか生き延びてきた実感がある。

新潟の片田舎に育った子どもの頃は、戦後の混乱期から高度経済成長期に突入している狂乱の世情など知るよしもなく、天真爛漫の無邪気さで、いつも野に出て遊び呆《ほう》けていた。当時は、田舎の生活は豊かさとは程遠く、子どもの最大の関心事は、食い物だった。

ポケットに肥後守《ひごのかみ》をしのばせて、カエルやヘビや、スズメや野バトを捕まえて解剖して食った。内心たじろぎながら、仲間には強がりを言った。町外れの田や小川にもいろんな生き物がいた。ドジョウは、母親の裁縫箱から隠し持ってきた古い縫い針を束ねて、突いて捕った。ウナギは、泥の中でU字になって呼吸孔と尾の孔が並んでいるので、そこへ両側から手を突っ込んで手摑みにする。捕った獲物は器用に捌《さば》いて、焼いて食った。ザリガニもカワエビも捕った。カワエビやモクズガニは川の掃除人で、川を流れてくる動物の死骸や土左衛門に群がっていることがある。子どもにとっては衝撃的な光景だったが、モクズガニの汁や、カワエビのかき揚げは美味《うま》かった。

夏は大きい川で泳ぎ、潜って魚をヤスで突いた。川上から流れてくる、まだ赤身が残っているスイカの皮に噛《かぶ》りついた。森に行けば、ヤマグワやサルナシ、ヤマブドウ、アケビ、ブナ、カヤ、ツノハシバミの実などを採って食べた。毒性の強い野生のサトイモを齧《かじ》って七転八倒したこともあった。いつも腹を減らしていた。

十六歳のときに、故郷を出奔して上京したが、定職につけず、自堕落な放浪生活に明け暮れた。下宿を何度も追い出された。ご飯に生味噌を塗って空腹を癒した。米の一粒一粒を噛み締めた。ほの甘い人肌の味がした。行き場がなくなり、貧民窟のようなところに流れついた。そこで、何が入っているか分からないような鍋に、人々が群がった。野犬の赤肉も食った。ネズミも食った。世の中の底辺にも、人の暮らしがあることを知った。先が見えない中で、才能がないのを分かっていながら、チラシの裏に絵を描いていた。

山間の労働や生活習俗に興味を抱いて各地を訪ね歩いた頃は、杣《そま》や木挽《こびき》、原木をリンバから搬出する日傭《ひよう》や木馬師《きんまし》、馬や牛を使う土曳《どび》きの人たちと一緒に暮らした。居心地がよかった。マタギや猟師について山に入った。熊を撃ち、野兎や鹿を獲った。彼らは、山を熟知している。

地形を見て樹木や植物の植生を判断し、どんな動物が生息しているかを理解する。

過酷な労働の合間に、庭先で遊ぶように山を駆けて、山菜やキノコや木の実を採ってくる。岩を這い上って岩茸を採ってくる。沢で岩魚や山女魚を道具もなしに捕り、調理具もなしに料理をして食べる。葉や草、木や石、どんなものも道具になった。

何もない冬は、雪山の穴からタヌキを引っ張り出して食った。彼らは、必要なときはどんなことをしても捕る。だが、それ以外は一切自然に手を加えない。境遇を恨まず、大地にしっかり足をつけて生きている。境遇を恨まず、逆境を逆手に取って生きる〝個〟の性根を叩き込まれた。

各地の漁師と海にも出た。沖縄のサバニに乗り、海人《うみんちゅ》と一緒に海に潜った。沖縄の海人は、素潜りで海底をスタスタと歩く。魚を捕り、巨大なシャコ貝を捕り、エビを捕り、ウツボを捕り、タコを捕り、海亀を捕り、ウミヘビを捕った。みんな料理して食った。

アジアや中東諸国を歩いたときには、ハエが真っ黒に群がった肉や、牛を洗ったり、人々が沐浴をする泥沼の水で、煮炊きした料理やお茶を飲んだ。アザラシの腹の中で半分消化した海鳥を食った。タガメやゲンゴロウ、カブトムシの幼虫、ガマガエル、カタツムリ、オタマジャクシ、セミ、トンボなどの昆虫も食った。胃が跳ね返してくるのを、口に溜めて何度も飲み込んだ。
そうした長い特異な〝食遍歴〟を通して、人間は何でも食ってきた雑食性の生き物だということを痛感した。人間は、火を発明し、さまざまな動植物を料理をして食べる、雑食によって生き延び、進化してきた。過酷な環境の中にあっては、生命エネルギーを抑制する菜食主義では生きていけない。それを証明する先人たちが、世界各地にいる。「蓼食う人々」は、人類の歴史の、貴重な証言者でもある。いま、ことさら彼らを崇《あが》めたてる必要はないが、〝生きるために食う〟という根源的な目的のために、一切の偏見を持たず、ひたむきに食べ物に向き合ってきた人々に賞賛を送りたい。常に胸の奥にあり続けた、名著、辺見庸氏の『もの食う人びと』（共同通信社刊）への敬意を表しつつ。

雪山の陋屋《ろうおく》にて　遠藤ケイ

遠藤ケイ
1944年新潟県生まれ。長年、自然の中で手作り生活を実践しながら、民俗学をライフワークとして、日本各地や世界各国を旅して、人々の生活や労働習俗を取材している。主な著書に、『男の民俗学』(山と溪谷社、小学館文庫)、『熊を殺すと雨が降る』『鉄に聴け・鍛冶屋列伝』(ちくま文庫)、『こども遊び大全』(新宿書房)など多数。

蓼食う人々

2020年5月20日発行　初版第1刷発行

著　者　遠藤ケイ
発行人　川崎深雪
発行所　株式会社山と溪谷社
〒101-0051
東京都千代田区神田神保町1丁目105番地
https://www.yamakei.co.jp/
印刷・製本　株式会社暁印刷

■乱丁・落丁のお問合せ先
山と溪谷社自動応答サービス TEL. 03-6837-5018
受付時間／10:00～12:00、13:00～17:30(土日、祝日を除く)
■内容に関するお問合せ先
山と溪谷社 TEL. 03-6744-1900(代表)
■書店・取次様からのお問合せ先
山と溪谷社受注センター
TEL. 03-6744-1919　FAX. 03-6744-1927

Printed in Japan ISBN978-4-635-81016-6